Die „Blume" in meinem Kopf

Eine Geschichte der Hoffnung

Für Betroffene und Angehörige

-Susanne K. Glück-

Mein Weg/Die Reise/Kein Ende in Sicht

Ein Glioblastoma multiforma

Das Leben geht weiter

Die Blume in meinem Kopf

Glioblastom/Hirntumor

WHO Grad IV

Susanne K. Glück

Bibliografische Information der Deutschen Nationalbibliothek

Die Deutsche Nationalbibliothek verzeichnet diese Publikation in der Deutschen Nationalbibliografie; detaillierte bibliografische Daten sind im Internet über http://dnb.dnb.de abrufbar.

Impressum

©Susanne K. Glück

Herstellung und Verlag BoD-Books on Demand Norderstedt

Satz und Layout: Susanne K.

ISBN: 978-3-7357-7071-4

Die Autorin:

Susanne K. Glück ist verheiratet, lebt in Deutschland und ist innerhalb eines Jahres zweimal an Krebs –Brust Krebs und Kopf Krebs- erkrankt.

Über dieses Buch:

Die Diagnose Hirntumor –Glioblastom multiforma— stellt ihr bisheriges Leben infrage.

In der Auseinandersetzung mit diesem Thema-Gehirntumor-findet sich jede Menge Medizinische Informationsliteratur, aber nichts Lebenspraktisches.

Sie sieht sich ermutigt, über das, was im Verlauf der Krankheit passiert, worauf man achten kann, was Statistik bedeutet, wie ein Leben möglich ist, zu schreiben.

„ Es gibt traurige Momente und Sachen zum Lachen"

Der Humor endet nicht, nur weil man als Schwerkranke eingestuft ist.

Auf eine Inhaltsangabe

Verzichte ich bewusst

für mich……………………………………………………………………………..

 für sie, liebe Leser.

Jetzt nehme ich sie mit auf die Reise.

Sie entscheiden was sie wann lesen möchten………

Widmung

Dieses Buch ist möglich weil mir Menschen Mut gemacht haben, es zu versuchen:

*- **für dich Horst-***

Liebe Gute

Du hast mir über die Schulter geschaut

Anstelle eines Vorwortes

Etwas so Grausames wie diese Diagnose als „Blume" in meinem Kopf zu bezeichnen, zeigt meine Einstellung und es entspricht dem CT Bild oder war es das MRT, egal, es sah einer Blüte erstaunlich ähnlich.

Eine Blume je nach Art verfügt über ein stark verzweigtes Wurzelwerk, welches sich unter Umständen nie ganz entfernen lässt. So ist es mit diesem Tumor ebenfalls.

Das ist meine Assoziation, mir nimmt es den Schrecken, die Angst, wie gefährlich, giftig diese besondere Blume in meinem Kopf auch ist, sie muss weichen.

Kurzwort Glio

Eine Blume wächst in meinem Kopf und sie darf dort nicht bleiben

Im Kopf kann keine Blume wachsen, das stimmt, aber es gibt dieses

Phänomen   „ich habe es erlebt"

Die Blume hat einen Name

Glioblastoma multiforma

Es handelt sich um den bösartigen Gehirntumor, der nach WHO eingestuft wird in Grad IV, höchst aggressiv und Rezidiv freudig, das heißt,

man wird das Ding nicht mehr los?

was es damit auf sich hat, was es bedeutet,

das ist meine Geschichte.

Sie denken vielleicht; eine traurige Story über Krebs,

verhärmtes Gesicht, hohlwangig ,Leiden ,Tränen, Seufzer.

Nein ich zeige meinen Weg auf, es ist zum Weinen, Lachen Hoffen

Ich habe/hatte ein Glioblastom in meinem Kopf

Ich bin **kein** Glio Liebe Leser: achten sie auf ihre Worte, sie können Wirklichkeit werden

Meine Geschichte:

Es ist die Zäsur meines Lebens

mein Leben geht weiter, für mich, die Autorin, für sie, liebe Leser.

Sie können sich auf den Inhalt konzentrieren.

Hurra ich lebe noch.

Ich kenne das Ende nicht, wer kennt das Ende seines Lebens?

Es nimmt den Schrecken, Hirntumor, seien sie ehrlich, wenn sie etwas darüber hören oder lesen dann sind es meist Todesfälle von Prominenten, Schriftstellern oder vielleicht bei entfernten Verwandten, Bekannten.

Ihr Interesse vorausgesetzt beginne ich von Anfang an.

17.00 Freitag /15.12.2010

Ein Freitag

Zurück aus dem Urlaub

Koffer auspacken, einkaufen gehen, Essen kochen.

Was gibt es---Vollkorn Penne, scharfe Tomatensauce, Pangasiusfilet.

-warum erwähne ich es-weil es nie mehr gekocht habe- in der Kombination,

bis heute esse ich diesen Fisch nicht mehr.

Reden über den Urlaub in Bayern, Berge Schnee, den Bergsee direkt vor der eigenen Haustür.

Eine wundervolle Heimfahrt bei Schneegestöber, die Vorfreude auf Zuhause, eigenes Bett, Bad---warum nur zieht es uns in die Ferne, wenn es daheim so schön ist. —

Zurück an den Herd, fröhlich gestimmt, trinken wir ein Glas Sektschorle.

Hole den Fisch aus der Verpackung, benutze die Schere, aber ich kann sie nicht handhaben, ich bekomme die Folie nicht zwischen die Schneidflächen, fühle mich wie ein Kind, das Schneiden übt, es geht nicht. In mir steigt Schwindel, Übelkeit, ein Angstgefühl, auf. An dem kleinen Schluck Sekt kann es doch nicht liegen.

Was mache ich nur, mein Mann will mir helfen, er lacht, na was ist los, ich kann nicht antworten, die Worte fehlen mir, er muss sehen, wie es mir geht. Hinlegen kommt mir in den Sinn, ein Moment auf dem Bett, dann geht es sicher wieder.

War wohl zu viel, wieder daheim, einkaufen, Wäsche waschen, kochen, die Luftveränderung, wer weiß?

Liegend geht es mir so unglaublich schlecht, dass ich mich umgehend aufsetze und wieder an den Herd möchte.

Stehe auf und wanke Richtung Küche, nun sieht es mein Liebster, hier stimmt was nicht.

Ich beginne ihm entgegen zu gehen, er fängt mich auf, ich, möchte ihm sagen, wie es mir geht, aber kein Wort, keine Silbe kommt aus meinem Mund.

Ich schaue ihn an, ich weiß, was ich sagen will, die Worte sind in meinem Kopf,

aber er versteht mich nicht. Versuche die Dinge zu beschreiben, die ich loswerden möchte, es funktioniert nicht. Mein Mann kennt mich als wortgewaltiges Wesen, die Reden schwingt über Gott und die Welt,--diese Stimme verstummt nicht---

Mein rechter Arm, die Hand, zittert, das Auge, der Mund, rechter Mundwinkel hängt wie gelähmt herunter, das Gesicht, alles rechtsseitig, ist ohne jedes Gefühl.

Wer eine Spritze zur Betäubung beim Zahnarzt bekommt, weiß in etwa, wie es sich anfühlt.

Hilflos zapple und zittere ich, will schreien, Hilfe ,,H…hilf mir doch, einen Rettungswagen rufen. Er ist aufgeregt. Wählt die 110, dort sagen sie ihm, rufen sie 112 an, das geht schneller.

Innerhalb von 7 Minuten sind sie da,

3 Männer, der Notarzt kommt in einem anderen Wagen hinzu.

Ich kann klar denken, einer erfragt mein Alter, der andere möchte mich mit Namen ansprechen, der dritte gibt mir eine Infusion, ich sage in Gedanken , nicht links, der Wächterknoten ist entfernt, Brustkrebs Jan 2010.

Laut sagt das mein Mann den Ärzten. Sie nehmen den rechten Arm. Kann ein Schlaganfall sein, ein Herzinfarkt.

Hab ich nicht, denke ich, ist was anderes.

Ich werde schläfrig und zucke, krampfe und speichel aus, der Arzt bittet meinen Mann meinen Mund ab zu wischen, da kommt mir der Gedanke, es ist ein Anfall, ein epileptischer Anfall, aber die Sprache ist weg ich kann mich nicht mehr äußern.

In einem Tragesack werde ich die Treppen herunter gebracht, sie sind vorsichtig, unten angekommen verliere ich das Bewusstsein, der Arzt bindet

meinen Mann mit ein, die Uhrzeit beachten um zu ermitteln, wie lange der Anfall dauert.

Sechs Minuten, ich weiß nichts mehr. Mein Mann sagte mir, ich habe einfach mit offenen Augen dagelegen, der Blick auf etwas Unbestimmtes gerichtet.

Nun ist er beschäftigt, er hält den Tropf mit der Infusion und schaut auf die Uhr. Ich werde wach, als der Rettungswagen ins Krankenhaus einfährt.

Die Trage wird ausgeklappt, die Räder rollen den Gang entlang, die Lichter sind grell, sie kennen es aus all den Arztserien, ich erlebe es live.

Alle sprechen schnell, scheinen aufgeregt, ich fühle eine Geborgenheit und Sicherheit in mir.

Normale Gedanken halten Einzug in meinem Kopf, ich schaue in Gesichter, die mich anstarren, ihre Vermutung laut äußern, Schlaganfall oder was sonst, ich kann sprechen und sage „, nein das habe ich nicht".

Verblüfft stellen sie fest, dass diese Frau spricht, sie sagt ihren Namen, zur Sicherheit nenne ich meinen Mädchennamen und mein Geburtsdatum und Hochzeitdatum, man kann ja nie wissen.

Der Unfallarzt sagt zu mir, „diese Informationen brauche ich nicht"

ich antworte „aber ich ".

Ein Schnell EKG schließt eine Herz Erkrankung aus, was nun, der Doktor schüttelt etwas ratlos den Kopf. Ein CT vom Kopf wird erstellt, ich bekomme etwas Flüssigkeit in die Vene gespritzt, das Kontrastmittel. Ob diese Untersuchung ein Ergebnis bringt, erfahre ich nicht.

Sehr müde werde ich auf das Zimmer gebracht.

Eine Krankenschwester, holt mich ab, mein Mann hält meine Hand. Sehr begeistert scheint sie nicht zu sein, ich hatte offensichtlich einen sogenannten Grand mal, ein generalisierter epileptischer Anfall, der zu einer Bewusstlosigkeit führt. Ihr wäre es lieber, ich würde der Intensivstation überstellt. So ein Anfall, kann

sehr gefährlich sein, sogar tödlich enden, ohne entsprechende Maßnahmen. Zur Sicherheit erhalte ich ein Zäpfchen in den Popo.

Das bringt mich zum Lachen, warum, es erinnert mich an meine Kindheit, wo ich mit aller Kraft versuchte, das Ding wieder hinaus zu drücken. Jetzt bin ich groß, da tut man das nicht mehr, also behalte ich es bei mir—braves Mädchen—

Ich schließe meine Augen und will schlafen, die Schwester und mein Mann verlassen den Raum, endlich bin ich allein in dem Zimmer.

Nein, mein Mann sitzt 4 Stunden an meinem Bett und wacht über mich, hält meine Hand, ich schlafe ein. Das Zäpfchen, Diazepan, so heißt es, zeigt seine Wirkung.

Die Nachtschwester schaut wiederholt nach mir, mein Liebster ist bereit, mich allein zu lassen. Er geht leise aus dem Zimmer.

Eine rotleuchtende Lampe weckt mein Interesse ich will sie anfassen, nicht wissend dass es der Alarmschalter ist, sofort stehen -mein Mann und die Schwester- wieder bei mir im Raum, ich erschrecke mich sehr, äußere mein Bedürfnis, etwas trinken zu dürfen, entschuldige mich und lächle die Beiden an.

So lege ich mich schlafen und bin guter Dinge, spät in der Nacht schaut die Schwester nach mir und ich melde ihr, dass ich einmal aufgestanden bin.

Ich kann sprechen, meine Hand normal bewegen, den Mund und das Gesicht spüre ich so wie immer, meine Mimik funktioniert. Die totale Erleichterung.

16.12.2010/ Samstag

Der nächste Morgen, Sonne fällt in mein Zimmer, es hat geschneit, ein traumhaft schöner Anblick, frohen Mutes warte ich auf einen Arzt, der mir sagen kann, was mit mir los ist.

Ein Frühstück, und ein Tabletten Cocktail—was da drin ist, keine Ahnung –aber schlucken soll ich alles. Ja gutes Kind ich nehme es wie es kommt.

Ein sehr netter Herr in weißen Kittel betritt mein Zimmer, Herr Professor… himmelblaue Augen, ein offenes Gesicht,

Chef Arzt der Neurologie, gut, jetzt kann ich fragen und bekomme Antworten.

Er sieht nett aus, sympathisch, wirkt vertrauenswürdig, vorsichtig bereitet er mich auf das Thema Hirntumor vor.

Im Kopf haben wir etwas entdeckt, nichts Schlimmes, wahrscheinlich handelt es sich um ein Meningeom, ein kleiner Tumor auf der linken Seite des Gehirns, nichts Gefährliches, nicht bösartig, der epileptische Anfall wurde dadurch ausgelöst. Tumormasse verdrängt Raum, es kommt zu einer Hirnschwellung, es bildet sich Hirnwasser. Soweit so gut habe ich es verstanden.

Der weitere Ablauf wird bestimmt durch die anstehenden Untersuchungen, es gilt alles andere auszuschließen, das leuchtet mir ein.

Wir haben den 16.12. und er prognostiziert mir, mit OP und Behandlung, einschließlich Reha Maßnahme, die Wiederaufnahme der Arbeit Ende Januar 2011.

-------Mit dieser Prognose schaue ich nach vorne----

Die Medikamente helfen mir, einen weiteren Anfall zu verhindern, ein Antiepileptika, hinzu kommt eine hohe Dosis Cortison gegen die Hirnschwellung und die Reduzierung eines vorhandenen Ödems.

Ich lasse die anberaumten Untersuchungen über mich ergehen;

die Lunge wird geröntgt

ein MRT vom Kopf

ein Knochenszyntigramm

eine Herz Katheder Untersuchung

eine Sonographie vom Oberbauch

ein EEG

was ich ablehnte; das Abdomen CT

die Koloskopie

die Magenspiegelung

Aus meiner Sicht waren weder Magen noch Darm an dieser Erkrankung beteiligt, ein Abdomen CT war erst im Sommer durchgeführt worden.

Jeden Morgen wird mir Blut entnommen. Blutdruck wird gemessen. Hinzu kommt ein Zuckerspiegeltest, täglich ein Piks in eine der Fingerkuppen. Was kaum einer weiß, Cortison treibt in hohen Dosen den Blutzuckerspiegel enorm nach oben. Mit der Gabe von Insulin will man dem entgegenwirken. Ich überlege ob ich jetzt Diabetes bekomme?

Dexamathason hilft das Ödem zu verringern, so wird der Hirndruck abgebaut.

Ich fühle mich wirklich fit und eigentlich gesund.

Beschäftigt mit dem Krankenhaus Alltag machte ich mir kaum Gedanken, warum ich überhaupt hier gelandet bin.

17.12/18/19.12 viele Gespräche

Es gibt ein Anamnese Gespräch, die Mastektomie der linken Brust, ein Mamma Karzinom, das hat mit dem HT nichts zu tun, es handelt sich nicht um Metastasen im Kopf, das wäre Krebs, der sich aus den Krebszellen gebildet hat.

Intensiver wird das Thema Ausfälle besprochen, allmählich bildet sich ein Zusammenhang zwischen dem Geschehenen und was vorher keine Beachtung fand;

das Messer fiel mir aus der Hand ,die Zahnbürste rutschte weg ,die Haarbürste fiel zu Boden ,die Körper Hygiene wurde zunehmend schwieriger, die rechte Hand konnte den Kaffeebecher nicht halten, Besteck fiel herunter, enorme Gleichgewichtsstörungen, Drehschwindel Attacken die lange anhielten, Gedanken nicht zu Ende denken ,Sätze nicht beenden ,Müdigkeit am Tag, Schlafstörungen ,Morgendlicher Kopfschmerz ,Spannungsgefühl im Kopf.

Überarbeitung dachte ich, Stress, vielleicht Störungen an der Wirbelsäule,

egal, das wird schon wieder, der Urlaub stand unmittelbar bevor.

Zur Erklärung darf ich hinzufügen, das geschieht nicht alles gleichzeitig, mal fällt etwas herunter, mal ist mir schwindelig, ich hatte ein Stück gelernt diese Merkwürdigkeiten zu kompensieren, kurz gesagt, es fiel niemandem auf, nicht einmal mir.

Zurück ins wahre Geschehen im Krankenhaus, die Medikamente bewirkten ein sofortiges Ausbleiben aller Besonderheiten. Kein Anfall eine gut funktionierende Motorik. Natürlich dachte ich, die OP brauche ich nicht, ich habe es im Griff.

Gedanken sind frei, das ist gut so.

Ruhige Tagesabläufe, 3 Mahlzeiten am Tag, ein freundliches Ambiente, die Untersuchungen, ein Patient in meiner Situation hat Zeit und Muße und Hoffnung, dass alles gut ausgeht.

Interessiert lasse ich mir alles erklären, ein Begriff fällt nie

Glioblastoma---korrekt Glioblastoma multiforma

20.12.2010 Vorbereitungen

11.00

Tag der

- OP Besprechung

--Narkose

Noch weiß ich nicht, was Genau in meinem Kopf die Ausfallerscheinungen ausgelöst hat: so lausche ich den Worten des Oberarztes, der ruhig und sachlich die OP beschreibt, öffnen der Schädeldecke mittels einer Säge, vorab wird ein Bohrloch nötig sein, um die Säge ansetzen zu können, dann löst man

die Dura...dick wie eine Speckschwarte...um in das Kopfinnere zu gelangen. Minimal invasiv soll der Eingriff vorgenommen werden. Es wühlt niemand in meinem Kopf herum, sondern es wird mit kleinstem Gerät operiert.

Nun muss er über Risiken sprechen, präzise schildert er mir alles was schief gehen kann und ich kann ihnen sagen, er ist sehr gründlich mit dem was er aufzählt.

Ein kleiner Ausschnitt;

Wird gesundes Gewebe mit weggeschnitten, oder der Tumor sitzt ungünstig kann das zur Folge haben, u.a.

- Lähmung im Gesicht /   Facialparese

- Lähmung der rechten Körperhälfte/   Hemiparese

- Sprachstörungen /   Aphasie

- eingeschränkte Denkfähigkeit/   Hirnleistungsstörung

- Nervenschädigungen /   Polyneuropathie

Ich höre hier auf, weil es gibt keine Alternative, die OP muss sein der Tumor darf nicht in meinem Kopf verbleiben, was ich zu diesem Zeitpunkt nicht weiß, es gibt sogenannte inoperable Hirntumore, je nachdem wo sie sitzen.

Ich unterschreibe den Aufklärungsbogen und glaube daran, dass alles gut wird.

Was ist das Leben ohne Vertrauen?

>Eine meiner absoluten Stärken ist der unbesiegbare Optimismus, der Gedanke, Gott behütet mich, ich bin stark in meinem Glauben. ER wird mir die Ärzte schicken, die alles richtig machen <

Die Narkoseärztin kommt in mein Zimmer und wir besprechen Unverträglichkeiten, Risiken, wieder eine Unterschrift, was soll schiefgehen.

Meine Bitte, mir die abgeschnittenen Haare abzupacken, sie lächelt, ist eine häufig gewünschte Form, Kontrolle behalten zu können.

Wenn in sogenannten Filmen über Krebserkrankungen, der Kopf kahl rasiert wird, ist das ein dramaturgisch guter Effekt, aber es entspricht nicht der Realität.

Mein Mann ist täglich viele Stunden bei mir, ich kann den Flur rauf und runter laufen und fühle mich FIT. Wir sind, oder -bin nur ich es –furchtlos .Ganz ehrlich ich war die letzten Tage so beschäftigt, es kam keine Angst in mir auf. Mein Mann verbrachte viel Zeit mir das Zimmer weihnachtlich herzurichten, ein Weihnachtsstern aus Seidenblüten, echte Pflanzen sind nicht gestattet, eine schöne Tischdecke Servietten, Naschwerk für das Pflegepersonal, Schokoladen Figuren in herrlich leuchtenden Verpackungen, Miniaturen von Hummel und

eine Schieferplatte mit dem Psalm 91.11

„ der Herr befiehlt seinen Engeln dich zu behüten, auf all deinen Wegen""

wie sollte ich an etwas Schlimmes denken.

Die Tabletten ermüden mich, ich muss nichts leisten, bin ich entspannt. Das Cortison nimmt mir den Schlaf, bin ich relaxt.

Blutdruck und Fieber messen ist Routine, alle sind nett und freundlich, es geht stark auf Weihnachten zu, niemand klagt darüber, dass er arbeiten muss, so kurz vor dem Fest. Ich bin so zufrieden wie ich in der jetzigen Situation nur sein kann.

21.12.2010 die Operation

6.00 Uhr

D-Day

Mein mich operierender Arzt, ist Professor, eine Koryphäe auf dem Gebiet der Neurochirurgie, betritt erstmalig mein Zimmer ,3 Stunden vor OP Beginn.

Er trägt einen Kaschmirmantel in hellbraun, einen anthrazit farbenden Rollkragen Pullover, eine graue Tuch Hose ist das wichtig, ich weiß nur noch, dass mich das irgendwie beruhigte.

Damit sie wissen wie humorvoll ich der Situation entgegen ging erzähle ich ihnen, liebe Leser was ich zu ihm sagte:

"wie dankbar bin ich doch, dass sie nicht in der Schweiz oder wo in ihrem Urlaub machen, sondern mich operieren, damit —ich--- wieder voll ins Leben kann, sie sind mein Weihnachtsgeschenk"

er guckte mich an und lächelte, sagte dazu kein Wort.

Sicherlich dachte er schon an die bevorstehende OP!

Er ging und die Schwester kam, bat mich die OP Kleidung anzuziehen, eine kleine Pille zu schlucken, die mich ins Vorland der Träume schickte.

Mein Mann war sichtlich aufgeregt, die Mädels die mich hinunterfuhren wirkten sehr ernst, Eine hatte Tränen in den Augen.

Oh je, sie hat Kummer, schoss es mir durch den Kopf, hoffentlich kein Stress daheim.

Würden sie etwa auf die Idee kommen, dass sie wegen mir weinte, und die Andere deshalb so ernst war?

Unten angekommen, Operationssäle sind immer unten,

gaben mein Mann und ich uns einen letzten Kuss, die Schwestern lockerten unsere ineinander verschlungenen Hände, so lösten wir uns, er musste vor der großen Tür Abschied nehmen,

ich dachte, wie in einem Film, nur diesmal spielte ich die Hauptrolle.

Die nette Narkose Ärztin ist da und erwartet mich, sie sucht sich eine Vene, spricht kurz zu mir, lächelt und die Atemmaske senkt sich über meinen Mund, dann weiß ich nichts mehr.

--------------*Pause*---------------------------

>Niemals werde ich das nun Folgende vergessen;

ich sehe Licht ,ein unglaublich weißes goldenes Licht, ein Gesicht ,das Schönste und Gütigste was ich je in meinem Leben gesehen habe, ein Lächeln, eine sanfte Art ,so liebevoll ich werde angeschaut, es ist die reinste Form der Liebe, es umfängt mich ,hüllt mich ein, behütet ,beschützt ,liebt mich, erfüllt mich mit Zuversicht ,tröstet mich ,schaue ich Gott ?<

Getragen von diesem Erlebnis, werde ich wach…………………………………………..

Der Professor geht neben meinem Bett her und bestärkt mich, dass alles gut verlaufen sei, er alles „erwischt" habe und ich mit Radio Chemotherapie wieder wie neu sei. Er Trägt Blutverschmierte Schutzkleidung und eine Haube auf dem Kopf, alles in Himmelblau.

Intensivstation, ein Fenster, gebastelte Sterne aus Transparentpapier, ein Kirchturm, der beleuchtet ist, ich frage laut „ist da ein Kirchturm und sind da Sterne am Fenster", ja, „sie sehen das richtig" ich lebe und Gott hat mir ein Zeichen gegeben.

Jemand tritt an mein Bett und möchte meine Hände und Füße drücken, eine Art Probe, ich weiß es nicht, drücke fest dagegen, ist wohl richtig gut, denn sie sind mit mir zufrieden, ja ich weiß ,es ist ein Körperfunktion Test, ich kann sprechen ,die Augen öffnen und schließen ,mit einer Minilampe wird der Schluss der Pupille kontrolliert, alles in Ordnung : Ich verspüre ein enormes Spannungsgefühl im Kopf ,meine Gefühle sind durcheinander ,ich weine und fühle mich so zart und verletzlich wie nie zuvor .

Allmählich begreife ich, dass dies ein besonderer Moment ist,

ich bin am Leben.

Ich lebe

bin anscheinend nicht körperlich behindert, das ist bei einem solchen Eingriff nicht die Regel.

Mein Mann kommt an mein Bett, er schaut mich an, erstaunt, verwundert.

Sein Erster Satz lautet: „wie tapfer du bist, was hast du nur ausgehalten, meine Güte, du hängst an all den Schläuchen und Geräten", und lächelt mich an.

Schluchzt mein Liebster ,ich glaube es zu hören, ich höre die Geräte piepsen, klingeln, klopfen ,aber was ist das?

Kontrolllampen blinken, sie zeigen Zahlen und Kurven an, aber ich sehe das in Gänze nicht. Ich spüre die Zugänge, die man gelegt hat, auf dem Fuß sitzt eine lange Nadel in der Vene, die drückt, verhindert, dass ich den Fuß strecken kann.

Am Hals rechts ist etwas eingenäht, ein Mini Schlauch, es erinnert mich an einen Strohhalm aus Plastik, dergleichen befindet sich in meinem rechten

Handgelenk, am Kopf habe ich Pflaster an der OP Stelle, auch dort sitzen Schläuche, Sonden, Wundwasser wird abgeleitet.

Durch die Nase ist eine Magensonde und eine Sauerstoff Sonde gelegt, ich spüre alles auf einmal. Es tut nichts weh, dann fühle ich einen Katheder, in der Blase.

Eine Ärztin kommt zu mir, erkundigt sich nach meinem Befinden, ich sage ihr, dass der linke Fuß mich schmerzt und sie zieht die Nadel aus der Vene, als nächstes fragt sie ‚ob mir übel sei ‚das kann ich verneinen, so werde ich die Magensonde los, ein merkwürdiges Gefühl, 40-50 cm Schlauch wird aus meinem Körper gezogen ,mein Mann steht fassungslos daneben.

Ich fühle mich befreit, ein Glückgefühl macht sich in mir breit, alle sind so nett und freundlich, mein Liebster ist bei mir, das Ding im Kopf bin ich los, der Professor hat mir so viel Mut gemacht .Müde ,aber glücklich schlafe ich kurz ein.

Ich habe Durst und Hunger, aber die Küche hat zu, einen Tee darf ich mir aussuchen, so bestelle ich Fenchel Tee ohne Zucker, ist doch lustig, sie meinen mit dem Essen müsste ich mich gedulden bis zum Morgen.

Irgendwann musste mein Mann die Station verlassen, tief versunken in Traumwelten, schlafe ich ein.

Um mich herum wuseln die Menschen, kontrollieren meine Werte. So gut überwacht war mein Leben noch nie, ich höre das Personal miteinander schwatzen, ein wunderschönes Lachen dringt an mein Ohr, geborgen beschützt wache ich des Morgens auf und ein junger Mann ruft laut meinen Namen und bringt mir das ersehnte Frühstück ans Bett.

Ich lache mein schönstes Lächeln und genieße den Becher Kaffee, das Brötchen ein Ei und eine saftige Tomate.

Zu ihm gewandt sage ich „ sie sind der Held meines Tages", und „sie wissen wie man eine Frau glücklich macht". Seine Antwort ist ebenso so schalkhaft wie meine Bemerkung, er sagt, „oh so einfach geht das", lachend geht er weiter. Alles schmeckt so unglaublich gut, unvergesslich. Was auf einmal wichtig ist.

Das Milchtöpfchen fällt mir samt Inhalt in den Kaffee, egal, ich lache, das Brötchen kann ich nicht aufschneiden, also reiße ich es in Stückchen, das Ei zu pellen ist eine Herausforderung, warum ich nicht um Hilfe bitte ,ich weiß es nicht. Ich wollte es wohl einfach allein schaffen.

Die Belohnung folgte zugleich, eine Physiotherapeutin kommt an mein Bett und sieht nach meiner Motorik, wohl zufrieden mit dem was sie erblickt, darf ich auf mein Zimmer. Natürlich hat eine Ärztin meinen Zustand positiv, stabil bewertet. Alle Monitore und Kontrollgeräte wurden entfernt.

Die Zugänge am Hals und am Handgelenk bleiben bestehen, am Kopf trage ich nur noch das Pflaster, kein Kopfverband, auch das ist mehr die Phantasie eines Drehbuchautors, um die Dramatik der Szene zu unterstreichen.

In meinem Zimmer zieht mir die Schwester den Blasenkatheder, es klingt dumm aber das ist schmerzhaft, am einfachsten ist es, wenn man tief ausatmet, aha da weiß ich für das nächste Mal Bescheid.

Was ich nicht mit bekam, mein Mann suchte mich auf der Intensivstation.

Wenn der Patient da nicht mehr liegt, niemand etwas über dessen Verbleib weiß, bedeutet das was? Ja, genau das musste er annehmen.

Ich esse eine Polenta mit Paprika Schoten und Zucchini.

Ich werde nicht weiter über Mahlzeiten schreiben, aber an dieser Stelle sei es mir gestattet. Nie war der Geschmack intensiver, der Duft der Paprika, die Tomatenwürfel, die Polenta war richtig gegart, mhm….

Zurück zu meinem Mann, der sich der Tatsache ausgesetzt sah, dass seine geliebte Frau nicht mehr unter den Lebenden weilt, verzweifelt suchte er nach mir. Eine Krankenschwester hatte ein Erbarmen, schaute in Ruhe in das Übergabe Protokoll und lächelnd erklärte sie ihm, dass ich wohlbehalten in meinem Zimmer sei.

Da lagen wir uns in den Armen, Tränen des Glücks, der Erleichterung, liefen uns über die Wangen, vorsichtig, sanft umarmten wir einander, das Leben meinte es gut mit uns.

Er legt sich zu mir ins Bett, ich wollte ihn so nah wie möglich bei mir haben. Wer kennt nicht den Film „Love Story", die Szene wo sie ihn bittet, sich zu ihr zu legen, weil sie um die Vergänglichkeit ihres Lebens weiß und Trost braucht.

Wir hatten Glück, eine ganze halbe Stunde hatten wir für uns um den Augenblick zu genießen.

23.12.2010

2 Tage später

Die Visite, vier Ärzte kommen in mein Zimmer, sie sehen mich in guter Verfassung,

schauen in ihre Unterlagen und stimmen mich auf die weiterführende Therapie ein. Kein Wort zu der Tumor Art, es geht um die Radioonkologische Behandlung, die ich mehr fürchte als alles andere. Eine Chemotherapie in Tablettenform ist unumgänglich. Ich versuche zu diskutieren, aber sie nehmen das Gespräch mit meinem Mann auf, beachten mich nicht mehr.

DAS passiert mir ab jetzt immer öfter, egal was ich sage, wie ich mich verhalte, ich werde nicht ernst genommen, so ist mein Empfinden.

Fragen, ob diese Ausfälle, ein Anfall, wieder kehren können, beantwortet der Oberarzt gewissenhaft, ausschließen könne man das nicht. Wenn die Patientin-

das bin ich-ohnmächtig wird und das länger als 5 Minuten anhält, solle er, mein Mann, einen Notarzt rufen, aber, soweit müsse es nicht kommen. Sie-also ich—erhalte ein sehr gutes Antiepileptika, da wäre nichts zu befürchten.

Die zuständige Radioonkologin war zurzeit nicht erreichbar, denn das Gespräch würde sie mit mir führen. Ich hatte es mir so gewünscht, weil wir uns kannten.

Ich hatte keine Eile, die OP hinterlässt Spuren, ich bin wackelig auf den Beinen,

schwindelig latent müde, orientierungslos, kann keinen Satz mehr schreiben alle Buchstaben verdrehe ich, wird das so bleiben?

Immer öfter betrachte ich mein Gesicht im Spiegel und meine Haarpracht,

und entscheide mich, alle Haare so kurz haben zu wollen, wie an der OP Stelle.

Schulterlange kastanienbraune Haare auf 7 mm schneiden.

Ich äußere mein Begehr beharrlich und jede Stunde einmal, niemand glaubt mir, dass ich das wirklich will.

Mein Mann immer zwischen Einkäufen, Besorgungen

und Krankenhaus unterwegs, versteht es allzu gut, dass ich mit einer Seite kurz und einer Seite langes Haar nicht glücklich bin, besorgt eine „mutige"

Schwester, die meinem Wunsche entspricht. C.- -sei Dank-, die mit Langhaar Schneider zu mir kommt und drauflos schneidet.

Es gefiel mir, ich war so einen Schritt in Richtung –alte Zöpfe loswerden, näher gekommen

Ein paar Fotos auf denen man meine OP Narbe mit den 14 Klammern deutlich sehen konnte, behielt ich zur Erinnerung, inzwischen habe ich sie verlegt.

Es ist eben meine Art, aus allem das Beste zu machen.

Das gesamte Personal der Station wurde informiert, dass ich nun kurze Haare habe, warum erwähne ich so etwas, Kopf Operierte sind wohl merkwürdig unberechenbar, nicht klar in ihren Entscheidungen.

Irritiert fragte ich ständig nach, ob mein Verhalten sonderlich sei, ich verstand es einfach nicht, dass ich ANDERS behandelt und angesehen wurde.

Äußerlich trug ich keine Schäden davon, was für ein Glück.

Das Schreiben fiel mir zusehend leichter. Ich war freundlich, fröhlich, meckerte weder über das Essen noch über irgendetwas warum auch. Ich erwähne das, weil ich mitbekomme, dass in einem andern Raum Teller fliegen.

Dennoch begegnete man mir vorsichtig.

Ich fühle mich unglaublich sensibel empfindlich, nehme alles persönlich. Achte penibel auf alle die mir begegnen.

Habe das Gefühl sehr viel mehr wahrzunehmen, als je zuvor.

Eine extreme Geruchsempfindlichkeit entwickelt sich zunehmend bei mir und hält bis zum heutigen Tag an.

28.12.2010

14.00

Die Diagnose

Die ganze Wahrheit /Die Prognose

Ich bin allein in meinem Zimmer, als Frau Dr. zu mir kommt, sie ist mir vertraut, hat mir durch die Zeit der Bestrahlung des Oberkörpers geholfen.

Eine wunderbare Person Oberärztin der Radioonkologie.

Sie kommt auf mich zu, sagt, dass es nicht so schön sei, sich unter diesen Umständen wieder zu sehen.

Sie nimmt mich in den Arm und weint, was ist denn los? Möchte sie mich trösten? So traurig bin gar nicht.

Nein sie weint um mich, mein Schicksal meine Erkrankung, die Diagnose, ich regiere immer noch mit Nicht verstehen was sie wohl meint.

Es ist nicht gut ,2 x innerhalb eines Jahres an Krebs zu erkranken, aber, ich kann es nicht mehr ändern.

Also frage ich jetzt konkret nach, was sie so sehr erschüttert.

Bin ich nicht aufgeklärt worden? Wie meint sie das? Ich hatte einen Tumor im Kopf, ich bin gut operiert worden und mache die Bestrahlung und soll mich einer Chemotherapie unterziehen. Darüber will ich mit ihr verhandeln, ich möchte weder das Eine noch das Andere.

Völlig entsetzt schaut sie mich an und sagt mir sehr deutlich was sie so erschüttert.

Jetzt ist Frau Doktor ganz professionell, ich bin unheilbar krank, ich werde früh vor meiner Zeit sterben, es gibt keine Rettung nur ein Hinaus Zögern, keine Heilung, niemals. Ein Glioblastoma Multiforma ist nicht zu heilen mir bleiben 6 Monate bis maximal 2 Jahre und das nur wenn ich Glück habe. Die Gliazellen verbleiben im Kopf, darum ist eine solche OP zwar erfolgreich, aber nie eine Garantie dafür, dass nichts mehr wieder wächst. Der Tumor ist sehr Rezidiv freudig und unheilbar.

Nein, sie irrt sich meine Lebenslinie ist so lang, ich werde neunzig Jahre, sie muss sich irren. Sie muss, das kann nicht sein, dann bekomme ich einen Weinkrampf, ich schreie laut auf, sie soll es mir noch einmal sagen, sie muss sich irren. Ich bin es doch, ich mache eine Reha und gehe wieder arbeiten Ende Januar.

Nein, sie werden nicht mehr arbeiten gehen, die Erkrankung ist sehr schlimm.

Ich ziehe Resümee über mein junges Leben, mit fünfzig will man noch einmal durchstarten, habe doch erst den Job gewechselt, wollte eine Herausforderung,

es noch mal wissen---habe ich diese Herausforderung gemeint---nein.

In Thomas Mann heißt es an einer Stelle in seinem Buch „die Buddenbrooks"

„Gott gibt dir die Nüsse, aber er knackt sie nicht für dich."

Das fiel mir ein just in diesem Augenblick.

Meine nächste Äußerung ist so typisch für mich, o.k. mein Leben war schön

50-fünfzig-überwiegend „schöne" ausgefüllte Jahre, eine richtig gute Ehe, mein Traumberuf , ein traumhaftes Leben reich und ausgefüllt, wenn es das gewesen sein soll,

so what.

Nein sage ich, ich mache den „Scheiß" doch nicht mit um jetzt zu sterben, ich will wissen ob ich die Bestrahlung brauche und eine Chemo lehne ich ab.

Jetzt wird es wirklich ernst, sie sagt, Gott sei Dank, sehr klar, dann sterben sie in jedem Fall viel früher.

Statistik 10 Monate ohne Behandlung, 12 Monate und evtl. mehr mit der Radio Chemischen –Tortur-nachzulesen in allen gängigen Suchmaschinen im Internet.

Ich habe also eine minimale Chance zu überleben, jedenfalls für eine gewisse Zeit.

>An dieser Stelle gebührt mein herzlicher aufrichtiger Dank dieser Frau, die so mutig ist, das wichtige Gespräch mit mir zu führen, ich vergesse es niemals. <

Ich neige dazu Dinge zu bagatellisieren, ich nehme sie hin und schere mich nicht weiter darum, aber hier und jetzt geht es ausschließlich um mein LEBEN.

Mein Mann klopft an und ich bitte ihn –ja so bin ich—draußen zu warten. Nicht einmal ihn kann ich jetzt um mich haben. Ich möchte nicht, dass Frau Doktor ihm diese Botschaft übermittelt, das ist meine Aufgabe, so entscheide ich es schnell.

Zwei Stunden hat dieses Gespräch gedauert, Weinkrämpfe, die Anspannung der letzten Tage löst sich, ich lasse mich aufklären, was wann passieren soll.

In meiner Akte wird das als postoperative Psychose /

Stress Syndrom, diagnostiziert, mit positivem Ausgang.

Ja ich schaffe es, logisch zu denken, mich zu fassen mich zu beruhigen, linear die Abläufe für mich zu strukturieren.

Wir machen Termine, ich –entscheide- mich, die Tabletten Chemo zu nehmen, wenigstens kein PORT, ist ja schon was. Ich kann begleitet werden, im Krankenhaus, nein Tabletten schlucken kann ich allein, die Ärztin stimmt zu.

Für den 7.Januar bin ich mit ihr verabredet, ich benötige wohl eine Maske, gut.

Mit der Onkologin des Krankenhauses VEREINBART sie einen Termin, um die Einnahme der Tabletten zu besprechen und ich bekomme einen guten

Neurologen empfohlen, der Neurochirurg operiert, dann ist er raus aus der Behandlung.

Ich sammle all diese Informationen, Frau Dr. telefoniert mit den entsprechenden Fachärzten, den Abteilungen und besorgt mir die Termine.

Dann geben wir uns die Hand umarmen uns und sie geht erschöpft aus meinem Zimmer.

Wie sage ich es ihm meinem Mann, wie sagt man so etwas, Schatz ich muss bald sterben, ich neige eher dazu, ihm anzubieten, dass er mich bald los sein wird. Nein, das geht nicht, es würde ihn verletzen.

Er kommt ins Zimmer, ich umarme ihn und dann berichte ich ganz in Ruhe, was die Ärztin mir gesagt hat, die Prognose, die Diagnose, ich bin so ruhig so ruhig.

In mir erwacht der Kampfgeist, ich bin nicht bereit, mein Leben aufzugeben. Ich muss die Ausnahme sein von der Regel. Ich will nicht um jeden Preis leben aber ich muss es versuchen, mich dem hingeben, es annehmen, was das Schicksal mir auferlegt hat.

Es gibt Tränen, wir liegen uns in den Armen, ich fühle mich stark - ich kann ihn sogar trösten- ja, und ich biete ihm wirklich an, mich JETZT zu verlassen.

Er soll nicht bei einer Todkranken bleiben, die vielleicht dahinsiecht.

Ach, es kommen so viele Gedanken ich möchte einen weißen Sarg, er darf erst herunter gelassen werden wenn die Trauernden den Friedhof verlassen, das Lied von Herbert Grönemeyer, „"du fehlst"",

--du hast jeden Raum mit Sonne geflutet, jeden Verdruss ins Gegenteil verkehrt—mein Mann nennt mich seinen "SONNENschein"

Keiner soll schwarz tragen, ich liebe weiß, rot, gelb oder grün aber keinesfalls schwarz.

Dann wird es still, wir sind ruhig, jeder hängt seinen Gedanken nach. Tränen, wir lassen alles raus. In mir ist dieses Gefühl des Bedauerns, dass ich meinem Liebsten so viel Leid zufüge, das ist das Schlimmste, ihn leiden zu sehen

Etwas, was oft tabuisiert wird, spreche ich hier an, Angehörige sollten sich nicht scheuen, Psychologische Beratung in Anspruch zu nehmen, wir hatten Glück. Eine wundervolle Psychologin an der Hand zu haben, die uns schon mal zur Seite stand. Mein Mann machte mit ihr einen Termin aus GUT, auch für mich.

Denn sie hat eine Adresse -- 40 km Entfernung von uns entfernt- für Komplementär Medizin u.a. bei onkologischen Erkrankungen.

Praxis Dr. …………………………………………..

Auf Anfrage werde ich Adressen herausgeben, hier in diesem Buch tue ich es nicht.

Eine Ärztin wird mir an Herz gelegt, Frau M- B, aber dazu später mehr.

Die Wundklammern am Kopf werden gezogen, das tut überhaupt nicht weh. die Zugänge können endlich entfernt werden, meine

Haut am Hals hing schon herunter wie bei einem Tier mit extremer Faltenbildung.

Nichts für ungut liebe Hundefreunde .

Ich lasse die Ärzte zu mir kommen, die mir ein so sorgenfreies Leben prognostiziert hatten. Sie kommen und ich konfrontiere sie mit der Tatsache, dass sie mich getäuscht und angelogen haben.

Die Betroffenheit ist deutlich spürbar, jetzt glaube ich noch immer diese Anspannung zu erleben, die von den 4 Medizinern ausging.

Warum will ich es denn so genau wissen ,war eine Frage eine andere Aussage berief sich darauf, dass die meisten Patienten es eben nicht wissen wollen wie es um sie steht, was kann ich verlieren wenn ich frage : „lieber Herr Dr. haben sie Kinder, wollen sie sie groß werden sehen ?" mir fiel so manches ein ,aber….

es gab ein paar für mich absurde Bemerkungen, die ich nicht erwähne.

Allmählich begreife ich, wie schwer es sein mag, die Wahrheit zu sagen, umso mehr bewundere ich Frau Doktor, die mich so sehr ins Bild rückte, dass ich es wissen musste. Wie mutig war sie doch, wie unendlich mutig.

31.12.2010

Ich bin stabil, psychisch und physisch

Ich möchte nach Hause

Endlich Tasche packen, liebevolle Zeilen an all die hilfreichen Hände, die mir beistanden, die Gespräche über Gott und die Welt. Yv.,die gegen eine Regel verstieß, indem sie mir ein Geschenk brachte, ein wundervolles kleines Büchlein.

Ein Spruch ,der mich seitdem begleitet

„Wer Schmetterlinge lachen hört, der weiß, wie Wolken schmecken"

Süßigkeiten für alle Pflegerinnen und die Pfleger, sie haben meine schlaflosen Nächte erträglicher gemacht, mir die Haare gekürzt ,mein Essen zu mir gebracht, mich geschützt vor unliebsamen Besuch, mir ihr Handy geliehen wenn das Telefon nicht funktionierte, meinem Mann so lange bei mir ließen wie es nicht üblich ist. Die mit mir lachten, mich nachts bewachten, mich begleiteten, das vergesse ich niemals. Die mir die notwenigen Spritzen gaben –ich spürte kaum einen Piks-diese Menschen, die zuhörten.

Die Reinigungskraft ,die mich mit lustigen Geschichten unterhielt, während sie im Akkord das Zimmer putzte.

Seinerzeit gelang es mir, sie alle mit Namen aufzulisten das schaffe ich nicht mehr, aber wer immer das Buch liest, wird wissen wer wo wann gemeint ist.

Mein Dank geht an Professor, dem Neurochirurgen, der mir den Verstand, die Sprache, die Bewegung und die Koordination rettete, und seinem gesamtes OP Team, ohne sie säße ich hier nicht.

7.1.2011

Jetzt geht es richtig los

Aufklärungsgespräch zur Bestrahlung

Die Maske

Aufklärungsgespräch zur Chemotherapie

Termin 9.00

Was und wie verläuft die Bestrahlung am Kopf?

Was sind die Risiken und Nebenwirkungen?

Es wird großzügig bestrahlt am Kopf, damit eventuell vorhandenes Tumorgewebe zerstört werden kann. Die Nebenwirkungen, wie Nekrose gesunden Gewebes, sind mir bekannt, die Müdigkeit, Ermattung Konzentrationsprobleme das kenne ich unter dem Begriff –Fatique-.

Etwas lässt mich aufhorchen, die Haare fallen aus, UND sie kommen in der Fülle nicht mehr wieder. Aber man kann, darüber kämmen, also die anderen Haare, was nein, das will nicht.

Meine Haare kommen nie wieder? Ja ich weiß, angesichts der Tatsache, dass mein Leben auf dem Spiel steht ist es wohl eher unwichtig.

Nicht für mich, was muss ich noch alles hinnehmen. Zweithaarfrisur ist ein Thema, wie, einen Pfiffi-so nannte man das immer im Slang-.o.k. abwarten.

Ich unterschreibe den Bogen und schenke Fr D r eine Kerze, ein Licht der Hoffnung, die das Dunkel meiner schwärzesten Nacht erhellt hat. Eine Karte mit einem sehr persönlichen Text, der in poetischen Worten meiner Dankbarkeit Ausdruck verleiht und wir verabschieden uns.

Die Maske

Ich treffe ein paar Leute wieder, die mir die Oberkörper Bestrahlung im Frühjahr 2010 so leicht wie möglich gestaltet haben. Ich spüre ihre Betroffenheit, denn sie wissen was diese Diagnose bedeutet.

Mitkommen, freimachen, nein ist doch der Kopf, ja, aber die Kleidung soll nicht beschmutzt werden.

Schade, hatte mich so schick angezogen und „schön" gemacht.

Ich hatte mir die Wimpern getuscht, die Wangen mit Rouge geschminkt und mein geliebtes Lippenrot aufgetragen.

Warum ist bloß wichtig? Wenn es egal wird, gibt man sich ein Stück auf.

Ich liege und man erklärt mir, dass der Kopf durch eine speziell für mich angefertigte Maske geschützt wird.

Mein erster Gedanke, die versauen mir das Makeup, das äußere ich so, man verspricht mir aufzupassen. Es kommt eine Art Papier Folie auf mein Gesicht, schnell machen sie Mund Nase Augen frei, es ist glibberig und trocknet rasch.

Es härtet auf meinem Gesicht aus, ein bisschen wie die Gipsmaske, die man im Kindergarten fertigen kann.

Ich möchte ein Foto, der Wunsch wird mir erfüllt, ich liege ca. 5 Minuten, dann ist der Spuk vorbei. Es wird etwas eingestellt, aber genau erinnere ich mich nicht an alle Einzelheiten. Das ist gut, es schützt auch, nicht immer alles sofort zu genau wissen zu wollen.

Mein Spiegelbild gefällt mir, ich möchte weitere Dinge erledigen, die Zweithaarfrisur will ich schon besorgen. Meine Haare sind so kurz, da geht das mit der Anpassung gut, denke ich.

Wer weiß, wie die Haut am Kopf sich anfühlt während der Bestrahlung, sie kann dünn werden, empfindlich. Ich mache es auf Anraten der Ärztin.

Aufklärungsgespräch zur Begleitchemo

8.1.2011

Die Oberärztin für Frauenheilkunde

erklärt mir das Prinzip des sogenannten Stupp Schemas;

Bestrahlung 30 Tage je 2 Gray –das ist die Bestrahlungseinheit - und täglich eine Kapsel, Temodal 100 mg.

Im Anschluss gibt es die 6 Monatige Chemotherapie in hoher Körpergewichtsabhängiger Dosierung,

5 Tage on=einnehmen,

23 Tage off= keine Einnahme.

Das hatte mir Fr D r .der Radioonkologie genauso erklärt.

Dazu wird ein Magenschutz verschrieben und prophylaktisch ein Antibiotikum verabreicht, jeweils 2 x die Woche. Das Immunsystem kann sehr geschwächt sein durch die Therapie, so wird prophylaktisch ein Antibiotikum eingenommen. Das Cortison muss ich nehmen und den Anfallsschutz.

Jede Woche wird ein Blutbild erstellt, um die Werte zu kontrollieren.

Es handelt sich wie bei jeder Chemo um ein Zytostatikum, es zerstört Krebs Zellen aber es werden gesunde Zellen betroffen sein.

Ich höre mir das an, denke, eine Fachärztin für Gynäkologie und Krebserkrankungen der weiblichen Fortpflanzungsorgane, bespricht mit dir eine Chemotherapie für den so selten auftretenden Hirntumor Glioblastom. Irgendwie gefällt mir das gar nicht.

Ich weiß nicht, dass die Erfahrungen der Therapie für diese Tumor Art sehr begrenzt sind, in meiner Stadt nur 2 Krankenhäuser spezialisiert sind, die Bestrahlung am Kopf durchzuführen. Was man zur Tablettenchemo weiß, muss nachgelesen werden. Die Krankenhäuser sind ein Uni Klinikum und das Krankenhaus, in welchen ich gelandet bin.

Die Radioonkologen der beiden großen Häuser stehen sich gegenseitig beratend zur Seite.

Die Chemotherapie werde ich in der Spezial Praxis durchführen.

Es gibt Gründe für diese Entscheidung.

Ich hatte das starke Bedürfnis nach Bauchgefühl zu handeln und wollte absolut sicher gehen die bestmögliche Betreuung und Begleitung für mich zu finden.

Niemals würde ich hier jemanden verunglimpfen aber was nicht passt, das passt nicht. In dieser Phase meines Lebens will ich nicht darauf achten müssen, ob ich jemandem auf die Füße trete oder nicht.

Wichtig, ich spreche niemanden die Kompetenz ab, alle um mich herum sind und waren betroffen und engagiert. Dafür bin ich sehr dankbar.

Aber, wer mir den Aufklärungsbogen nicht einmal vorlegt, dem kann ich nicht vertrauen. Wer mich auslacht weil ich frage, wie entsteht diese Tumor Art, und ich auf meine gesunde Ernährung hinweise, mir das mit einem Lacher quittiert, der gehört nicht an meine Seite.

Wir alle haben ein Anrecht darauf ernst genommen zu werden.

11.1.2011

Bestrahlung die Erste,

3 Tage vor meinem Geburtstag, von dem Viele denken es sei der Letzte.

Tipps;

Keinen Rollkragenpullover tragen

Keine Bluse mit hochgestellten Kragen

Keine Kette

Keine Ohrringe

Ich werde in den Raum geholt, die Liege ist für mich bereit, meine Maske liegt auf dem Schrank, es geht los.

Meine Radiologie Ärztin ist anwesend. Es ist immer ein Mediziner da, der die Bestrahlung am Monitor überwacht.

Die Apparate kenne ich. Der Linearbeschleuniger ist riesig ein großes Gerät mannshoch, ich finde es Furcht einflößend. Es nützt nichts, jetzt soll es mir helfen, dieses Monstrum.

Ich lege mich hin, eine Rolle unter den Kniekehlen soll mich in eine entspannte Lageposition bringen. Mir wird angst und bange, ich habe so eine Angst, dass ich aus der Erinnerung heraus, jetzt pausieren muss, denn es ist die schlimmste Prozedur, die ich je erlebt habe.

Die Maske wird auf mein Gesicht gelegt, sie ist angepasst an meine Maße, sie sitzt eng, der Mund tritt wie ein Schmollmund hervor, das Kinn ist eingedrückt,

ich schlucke und versuche die Gesichtsfessel loszuwerden. Mir ist so warm, ich schwitze, die Haut unter der Maske scheint zu glühen das Cortison hat mein Gesicht anschwellen lassen, sie ist zu klein will ich sagen aber sie können nicht sprechen mit dem Ding. Ich sehe vor meinem geistigen Auge den Film

„ der Mann mit der eisernen Maske",

mit dem Unterschied, ich darf sie täglich abnehmen lassen. Ich habe mit vielen Menschen über diese Prozedur gesprochen, niemand konnte seine Angst, sein Unbehagen gänzlich unterdrücken, es ist nicht meine Absicht jemanden zu ängstigen.

Am einfachsten denkt man, jeder Tag ist einer weniger, du liegst hier, weil dir geholfen wird.

Die erfahreneren Strahlentherapeuten wissen in etwa, wie es um mich bestellt ist. Sie lassen mich gewähren, allmählich entspanne ich, es kann losgehen.

Die Möglichkeit ein leichtes Beruhigungsmittel einzunehmen, habe ich abgelehnt und es nie in Anspruch genommen.

Es ist Teil meines Lebens, sehr bewusst diese Behandlung zu erleben, in der Gewissheit, dass sie jederzeit abbrechen können, sage ich innerlich" ja" und los geht es. Alle verlassen den Raum, ich bin in richtiger Position, angeschnallt auf der Platte am Kopfteil, als ich das surrende Geräusch um meinen Kopf herum wahrnehme, halte ich zuerst die Augen geschlossen, um dann genauer alles in Augenschein zu nehmen.

Was mir hilft ist zu beten, Ruhe zu bewahren, ich atme bewusst durch die Nase, der letzte Urlaub an der Costa de la Luz fällt mir ein. Der blaue Himmel der Atlantik. Mein Mann mit dem ich Hand in Hand am Strand stundenlang spazieren gehe.

Über einen Lautsprecher nehmen die Behandler Kontakt mit mir auf, sie versichern mir, wenn es mir nicht gut geht, können wir jederzeit unterbrechen.

Sie sind so nett und ich habe Vertrauen, dass sie wissen was sie tun. Los geht's,

summt es, ich glaube was zu hören, aber da ist alles still, es summt mehr in meinem Kopf.

Eine gefühlte Unendlichkeit später habe ich den ersten von 30 Tagen überstanden, mein Maßband darf gekürzt werden, habe ich mir so ausgedacht.

Ich nehme direkt nach der ersten Bestrahlung einen Vitamindrink zu mir, den mein Mann für mich angerührt hat. Mein Liebster kommt jeden Tag mit, er ist immer an meiner Seite.

Den Magenschutz, nehme ich jetzt täglich ein,

dazu je 500 mg morgens und abends, den Anfallsschutz,

die Chemo Tablette eine Stunde später,

wenn man die Glasflasche öffnet, sie ist dunkel, das Mittel ist Lichtempfindlich, es riecht unangenehm.

Ich empfinde es so und befürchte, dass ich nach Einnahme genauso rieche.

Habe schon an anderer Stelle erwähnt, dass mein Geruchssinn sich stark verändert hat. Ich hatte immer schon den Spitznamen -die Nase-, was nichts mit der Größe meines Riechorgans zu tun hat.

Was mir auffällt:

Nebenwirkungen

Ich bin müde, erschöpft, antriebslos, mutlos, schwindelig, habe wenig Appetit,

leide unter einer Gewichtszunahme.

Das Cortison macht mich unruhig, oder ist es der Anfallsschutz?

Ich bin gereizt, ich schlafe nachts nicht, habe Stuhlprobleme kann nicht zur Toilette.

Meinen Ehering muss ich ablegen, es spannt so sehr, das sind wohl Wasser Einlagerungen, mit viel Seife und Wasser bekomme ich ihn vom Finger gelöst.

Trage ihn fortan nicht mehr. Meine Gelenke tun mir weh ich bin nicht mehr in der Lage, aus der Badewanne zu steigen.

Meine Beine kribbeln, ich fühle mich wackelig und so schwach.

Ich weine oft, bin unendlich traurig, denke viel über mich nach, mache mir Vorwürfe, warum ich so viel Leid erleben muss.

warum ich Sorge über die Familie bringe, was mein Mann noch von mir hat, wie es weitergehen soll.

Die Arbeit kommt mir oft in den Sinn, ich will mein Leben zurück.

Leben_____Susanne_____, du willst leben, ich lese in Ruhe alles durch, jeder Beipack Zettel der bei den Medikamenten liegt, was es an Nebenwirkungen geben kann. Beruhigt stelle ich fest;

Suizidale Gedanken sind keine Seltenheit, Müdigkeit, Konzentrationsprobleme,

Aggressivität, Wutausbrüche, Schlafstörungen, Alptraumhafte Gedanken,

Angstzustände,Wassereinlagerung,Gewichtsschwankung,

Appetitlosigkeit, Gereiztheit, depressive Verstimmungen, das liest sich-- unheimlich.

Ich mag Farben nicht mehr, werfe CDs weg und DVDs, ich kann Musik von einigen Künstlern nicht mehr hören, entwickle Abneigungen gegen bestimmte Lebensmittel, Gerüche, Kleidungsstücke, mag sogar einige Menschen nicht mehr um mich haben wollen,

****das ist kompliziert****

Aber ich kann nicht anders ich räume mein Leben auf.

Manchmal bin ich so gereizt, da denke ich, reiße die Tapete von den Wänden, wir haben Gott sei Dank keine.

Was von welchem Medikament herrührt weiß ich nicht, ich möchte einen Weg finden, damit klarzukommen.

Der Neurologe

Das Kontaktgespräch

Die Behandlung der Epilepsie

Was für ein sympathischer Mensch,

D r . er strahlt Lebensfreude und für mich so wichtig, Empathie aus.

Er schaut mich an, beobachtet mich und möchte neurologische Tests mit mir durchführen. Zum Glück trage ich wunderschöne Unterwäsche, denn ich muss mich bis auf Hemdchen und Slip freimachen.

Ich lege mich auf die Liege, hebe die Beine an, muss sie gestreckt halten dann niederlegen, die Arme in die Luft halten, mit dem „Hämmerchen" testet er meine Reflexe, ich muss so heftig lachen dass er stutzt.

Mir fallen diese lustigen Filme ein, wo der Arzt die Tests durchführt und der Patient ausschlägt, und die Untersuchung zur Farce wird.

Ich erkläre es ihm und er macht weiter, hinsetzen, zu ihm gewandt, Augen auf, Pupillen schauen, dem Finger mit den Augen folgen, mit geschlossenen Augen und ausgestreckten Armen die Nasespitze berühren.

So tun, als ob ich einen Wasserkrahn auf und zu drehe, gut mache ich das, dann

soll ich mit geschlossenen Augen auf ihn zugehen.

„Die hat nichts „sind seine ersten Worte dann kommt noch die Watte zum Einsatz, ob ich das spüre, er streicht mir damit durchs Gesicht, o.k. dann ist es genug.

Ich darf mich anziehen, danach reden wir.

Jetzt ist er ernst, er schaut mich an, meinen Mann,

dann: „ sie haben Glück gehabt, ich kann keine Funktionsstörungen entdecken.

Sprache und Motorik sind einwandfrei, die Störungen in der Befindlichkeit mit der rechten Hand sind nicht über zu bewerten."

„ Dennoch ist diese Erkrankung sehr schwerwiegend, über größere Anschaffungen sollten wir nicht nachdenken, denn eventuell müsse mein Mann

mit einem Schuldenberg zurückbleiben."

Das sitzt, das habe ich verstanden, wie tief es in mir haften bleibt, das spüre ich bis heute. Das Gespräch ist über 3 Jahre, her und ich zucke vor jeder größeren Geldausgabe zurück.

Mein Mann nimmt es zum Anlass, mit der Bank einen Termin zu vereinbaren, dass wir umschulden können, unsere schnuckelige ETW ist noch nicht ganz abbezahlt. Er setzt die Rate kleiner, so können wir über mehr Geld verfügen im Monat. Die Mitarbeiterin der Bank war so gerührt, wir zahlten nicht einmal die übliche Gebühr, es gibt so wundervolle Menschen.

Ich beziehe Krankengeld, für mich eine große Einschränkung, aber was benötige ich schon.

Er bringt ein viel größeres Opfer, schaut nach einem Kleinwagen und veräußert unsere Limousine, ein schönes großes Auto, dass er so gerne gefahren hat

Ab sofort fahren wir ein schönes kleines Auto, ein super Angebot, das Glück verlässt uns nicht, ich fahre kein Auto mehr.

Komplementärmedizin

Onkologische Tageklinik

Fr M B -Heilpraktikerin- Medizin Studium-Komplementär Medizinerin.

Mein Mann hat den Termin vereinbart, das Telefonat ist schon phantastisch,

Fr … am Empfang ist so freundlich und warmherzig, dass ich es spüre, es ist die Art, wie sie mit meinem Liebsten spricht.

17.1.2011/ 11.00

Ich bin aufgeregt, die Bestrahlung in vollen Gang, jeden Morgen ins Krankenhaus, die Chemo Tablette, der Anfallsschutz das Cortison, nun auf zu der Tagesklinik.

Bekomme am Empfang einen Fragebogen überreicht, mir wird ein Getränk angeboten, in einem Wartebereich, der freundlich gestaltet ist.

Es ist ruhig, einige Minuten dauert es, dann dürfen wir zur Ärztin.

Ich spreche sie mit –Fr (D r)M B an—das werde ich von nun immer machen.

Sie klärte mich darüber auf dass sie nicht promoviert hat, aber sie hat Medizin studiert. Ich kann nicht mir nicht merken, wer einen Titel trägt und wer nicht.

Das Anamnese Gespräch verläuft entspannt, ich merke wie unkonzentriert ich bin, schäme mich dafür, für sie ist alles in Ordnung.

Der erste Hinweis tut mir so gut Antibiotika brauche ich nicht, warum etwas nehmen, was solche Nebenwirkungen hat.

Dann kommen so viele Hinweise, die Strategie sieht wie folgt aus;

Blutbild alles wird untersucht

Immunstatus und alle Werte, die durch die Gabe von Zytostatika, das Blut beeinflussen, stehen auf dem Prüfstand.

Nach sorgfältiger Durchsicht aller Arztberichte, empfiehlt mir Fr M B die Einnahme von Weihrauch –Afrikanischer- -

Weihrauch unterstützt die Wirkung des Cortisons und wirkt der Ödembildung entgegen, es ersetzt nicht das Cortison,

Dosierung bei Verträglichkeit

3 x täglich zu den Mahlzeiten 5 Kapseln. Die Hyperthermie

wird mir nahe gebracht, ich widme dieser Behandlung ein eigenes Kapitel, denn sie ist für mich sehr wichtig.

Die Hyperthermie

Es ist an mir, es so zu erklären, dass es leicht verständlich und faktisch in etwa korrekt ist.

Körpergewebe wird durch Einwirkung von außen, z.B. eine mit Wasser gefüllte Kopfelektrode in meinem Fall, Dessert Teller groß, dem Tumor Gebiet durch die abgeleitete Wärme zugeführt. Es sind modellierbare Kurzwellen, die durch das Tumorgewebe gehen. In dem Wasserkissen ist eine Metallspirale. Das bewirkt eine besonders effektvolle Sauerstoffversorgung eine bessere Durchblutung, so soll noch vorhandenes Tumorgewebe zerstört werden. Der Entstehung neuer Tumor Zellen im Gewebe vorbeugen. Was im Falle meiner schlechten Ausganslage,--rezidiv freudiger Hirntumor- besonders zu befürworten ist. Ich sehe es als einen friedvollen Kampf an, es ist meine volle Überzeugung, dass der positive Verlauf meiner Erkrankung auf direkten Einfluss dieser Behandlung ruht.

Es ist tatsächlich eine sehr angenehme Prozedur, die ich noch genauer beschreiben werde.

Aber zurück zur Komplementär Begleitung, es geht nach diesem sehr ergiebigen Gespräch in den Laborraum.

Etwas erschöpft, das Gespräch dauerte über eine Stunde, setze ich mich auf eine wunderbar bequemen Polstersessel und eine der freundlichen empathischen Arzthelferinnen-evtl. MTA-begrüßt mich und erklärt mir, was jetzt getan wird.

Die zarten Venen des rechten Armes, es geht nur rechts, links ist der Wächterknoten entfernt, aufgrund einer anderen Vorerkrankung, sehen nicht sehr ergiebig aus. Was ich nun erlebe ist für mich so neu und effektiv, ich bekomme eine Wärmeflasche auf den Arm gelegt, das bewirkt, das Hervortreten der Vene in der Armbeuge.

Zudem tut es mir gut, unter Chemo ist mir immer kalt. Dieses sich sofort gut aufgehoben zu fühlen ist so wunderbar, hier bin ich normal.

Es ist ein Ort der Hoffnung, ich fühle es, keiner sieht elend aus, es wird gelacht.

Hier erhalte ich Lebensperspektive, es bestärkt mich in meinem Denken, ich will leben.

Gerne würde ich die Namen der hilfreichen Hände nennen, aber ich habe schlichtweg Angst, jemanden nicht zu erwähnen, das wäre kränkend.

Ich erfahre viel über meine Venen, die sich zurückziehen, das kommt wohl durch die Chemo und unterliegt einer Veranlagung. Rollvenen habe ich aha.

Mit einer solchen Vorsicht wird die Nadel in die Vene geschoben, es tut nicht weh. Normalerweise habe ich nie Probleme, aber im Krankenhaus wurden aufgrund sehr hoher Leberwerte täglich Blutentnahmen durchgeführt.

17 Tage lang, da kann sich diese eine Vene nur schwer erholen. Tipp, eine Venensalbe aus der Apotheke.

Salbe tut wahre Wunder. Ich habe sie immer in der Tasche.

Dann sitzt die Nadel und das Blut wird entnommen, anschließend wird das Blut in eine Flasche gezogen und angereichert mit Ozon dem Blutkreislauf wieder zurück geführt. Es sieht ein bisschen aus, wie Mus von der Himbeere, das gefällt mir.

Diese Prozedur dauert ca.30 Minuten, ich bin entspannt, als nächstes wird eine andere Flasche an den Ständer gehängt, es sind Elektrolyte und Meteoeisen.

Im Gegensatz zu meinem Blut ist diese Flüssigkeit richtig kalt. Ich achte wirklich auf alles.

Nach nunmehr 45 Minuten gehe ich mich bedankend in die erste Behandlung zur Hyperthermie, ach bin ich neugierig und gespannt.

Der Blutdruck wird gemessen, der zu hoch ist, die Aufregung ich bekomme liebe Worte und einen Tropfen von der Bachblüte „Rescue", es macht ruhig, ich atme ein und aus, dann geht es los.

Schuhe ausziehen, Schmuck ablegen, sich auf die Wasser Liege legen, so dass die operierte Kopfseite oben ist, ein Wasserkissen unter meinem Kopf, alles ist hygienisch abgedeckt mit Papier, ein Kissen zwischen den Knien,

eine Decke hält mich warm .Sie schaut sich den Kopf, die Narbe genau an und legt vorsichtig ein leichten Flies auf die Kopfseite und dann kommt die Elektrode, das Wasser Teller Kissen, so nenne ich das Ding.

Es wird auf die Stelle gelegt um das gesamte Tumorgebiet zu erfassen.

Die sehr nette Frau erklärt mir, dass ich ruhig liegen muss, wenn etwas störend empfunden wird von mir, soll ich sofort die bereitliegende Klingel nutzen.

Sie sitzt an einem Monitor in Hörweite und überwacht den Vorgang ob der Kontakt der aufgesetzten Elektrode nicht unterbrochen ist. Das kann z.B., passieren, wenn ich mich bewege. Die Behandlung wäre unterbrochen.

Ich weiß, die erste Anwendung dauert ca. 15-30 Minuten, danach wird auf 60 Minuten erhöht.

Die Temperatur wird 41 Grad am Kopf nicht überschreiten, die Watt Zahl liegt in etwas bei 60 -70, später pendelt sich das bei mir auf höchstens 85 Watt ein, die Temperatur bei 42 Grad, der Kopf ist empfindlicher. Für andere betroffene Körperregionen wird es auch wärmer eingestellt.

O.k., ich habe alles verstanden, jetzt verlässt sie den Raum und es geht los.

Das Wasserbett bewegt sich, wenn ich vorsichtig meine langen Beine ausstrecke.

Eine Art Schwebezustand erfasst mich es ist wundervoll. Der Kopf wird angenehm warm, mit geschlossenen Augen schwimmen Delfine auf mich zu.

Tiefenentspannt erlebe ich die Phantasie des Wassers und gebe mich dieser Empfindung hin.

Ich bin mir sicher, meinem persönlichen Kraftwesen zu begegnen,

es ist der DELFIN.

Er schwimmt auf mich zu und stuppst das gesamte Tumorgebiet an, so dass sich nach und nach alles was da nicht hingehört in meinem Kopf, auflösen kann. Die für mich angenehme Wärme auf und im Kopf verstärkt diesen Effekt.

Dann gibt es ein Geräusch, die erste von so vielen Anwendungen ist vorbei.

Beseelt komme ich ins Hier und Jetzt zurück, der Tag hat mich wieder. Ich kleide mich an, bedanke mich.

Inzwischen hat Fr.., sie sieht der wunderschönen Schauspielrein Karin Dor so ähnlich, meinem Mann den Terminplan für den Monat Januar ausgedruckt.

Von nun an komme ich 3 x pro Woche in die Praxis, Hyperthermie lokal am Kopf und 1 x pro Woche die gesamte Blutbehandlung/ Infusionstherapie.

Das soll aus therapeutischen Gründen direkt nach der Kopfbestrahlung geschehen, die Wirkung verstärken durch die lok./reg. Hyperthermie.

Aufgeben niemals-

meine Devise, mein Credo, mein Mantra, Hoffnung.

Im Krankenhaus werden meine Terminwünsche berücksichtigt, ich werde engmaschig begleitet. Meine Ängste bzgl. der Kopfbestrahlung kann ich nicht kompensieren, irgendwann habe ich eine Art Strahlenkoller, mir ist nur noch übel, ich zittere am ganzen Körper. Weinkrämpfe erfassen mich, ich habe Herzrasen, denke ich falle von der Liege, mir ist so schwindelig, bin ich verstrahlt? Der Verstand kriegt es nicht hin, aber ich will keine Tabletten.

Man nimmt mich in den Arm, redet liebevoll auf mich ein, bietet mir an die Ärztin zu holen. Ich könnte hier viele Namen aufzählen, aber wenn ich jemanden vergesse würde das nicht gut sein. Ich weiß, bin mir sicher, jeder weiß, wer gemeint ist.

Ich ergebe mich, wann immer ich diese Angst fühle spreche ich sie aus, das ist, ungewöhnlich für mich, hier und jetzt muss ich mir nichts beweisen.

Stark oder schwach was heißt das, hier bin ich Patient, es gilt nicht eine Mutprobe zu bestehen, es geht um mein Leben.

Die Medikamente tun ihr Übriges, ein Wechselbad der Gefühle, eine Achterbahnfahrt, wie soll ich es beschreiben.

Die Nebenwirkungen verdichten sich, ich fühle mich wie in einem Tunnel, traurig matt, erschöpft, schuldig, warum auch immer, dieses Schuldgefühl.

Frau Dr. wacht über meinen Zustand, sie untersucht mich, kontrolliert die Werte, die ich ihr aus Düsseldorf mitbringe, sind richtig gut. Sie ist zufrieden. Das Allgemeinbefinden ist besser als ich es subjektiv beschreiben kann. Das Blutbild ist über die lange Strecke der Chemo so gut, es gibt keinen Handlungsbedarf, etwas zu verändern.

Ich weiß Gott um mich herum, meine Gebete gleichen Dankes reden die ich täglich spreche, meine Kraftquelle, mein Anker.

Am Morgen ,wenn ich erwache ,vor dem Zubettgehen, wenn ich in der Bestrahlung bin, auf der Fahrt nach Düsseldorf, einfach immer.

Diese Nähe zum Glauben habe ich in der Kindheit entwickelt, hatte ich Probleme, besprach ich sie mit meinem Gottvater.

In sehr jungen Jahren bereits, führte mich der Weg in die Wohnortsnahe Kirche.

Ich fühlte mich immer in Gottes Hand, meine Eltern konnten diese empfundene

Religiosität nicht teilen aber sie ließen mich gewähren.

Was es bedeutet sich in Gottes Hand zu fühlen, beschreibe ich in einem vorherigen Abschnitt, wie ich die Vorbereitung, Einleitung der Narkose und OP in der Rückschau erlebte

Wann immer mich die Furcht zu überschwemmen droht, sehe ich das

Licht, das bleibt für immer in mir.

Inzwischen sind meine Werte die im Blut festgestellt sind, ausgewertet.

Komplementär nehme ich Weihrauch in Kapselform 3 x 5 Stück täglich

zu den Mahlzeiten ein, ich liebe den Duft von Weihrauch. Bei Schluckbeschwerden kann man die Kapseln öffnen, und den Inhalt in Joghurt

auflösen und so zu sich nehmen.

Ergänzend morgens und abends:

Selen 300mg /Enzyme /morgens nach der Bestrahlung den Vitamin Drink.

Von Dezember 2010 bis Februar 2011 nehme ich auf Grund der Ödembildung ein Cortison Produkt, niedrig dosiert, dass mich leider nicht schlafen lässt, meinen Stuhl verändert-Abhilfe im Akut fall –ein pflanzliches Präparat—

es wirkt gut.

Ich darf Cortison langsam ausschleichen, aha die pure Erleichterung, ausschleichen bedeutet, unter ärztlicher Aufsicht ein Medikament langsam zu reduzieren, bis man auf null Milligramm ist.

Die Haare

Ich erwähnte einmal, dass die Anschaffung einer Zweithaarfrisur vor der Bestrahlung am Kopf zu noch erledigen sei.

Ein guter Zeitpunkt dafür, 3 Tage vor der ersten Bestrahlung in ein, auf diese

spezielle Situation ausgebildetes Personal, Geschäft zu gehen. Die Mitarbeiter

des Krankenhauses hatten auf Nachfrage einen guten Tipp für mich. Meine Haare waren auf 7 mm Länge gekürzt, wenn etwas nachwuchs, half mein Mann mir diese Länge bei zu behalten.

Frohen Mutes zogen wir gemeinsam los, ein bisschen Abwechslung tat immer gut.

Das Personal war sehr nett, ich war aufgeregt und lebhaft bei der Suche nach dem Ersatzhaar.

Ganz ehrlich, ich fand es furchtbar, aber nach einer Stunde hatte ich etwas gefunden, was mir annehmbar erschien, zudem hatte ich keine Lust mehr.

Egal, was sie taten, ich sah BLÖD aus, das fanden alle Umher stehenden nun mal gar nicht, aber ich schon.

Nie habe ich mich je wohl gefühlt mit dem Teil auf dem Kopf, eine Kurzhaar Frisur kannte ich nicht bis dahin und es ist eben nicht dein Haar.

Mit Pflegemittel ausgestattet waren wir um 550€ erleichtert, ich hatte etwas, was ich noch brauchen sollte, also braves Mädchen nimmt die Tüte und geht.

In Absprache mit den Behandelnden Ärzten durfte ich für das Wochenende an die See, 2 Stunden Autofahrt als dauerhafte Co Pilotin stand ich gut durch.

Die schöne Luft, die Nordsee direkt vor Augen, mein entkräfteter Körper blühte auf, das Personal im Hotel reagierte mit keiner Geste auf mein verändertes Aussehen, ich war zufrieden und glücklich.

Der frische Fisch, das Gemüse liebte ich, langsame Spaziergänge am Meer erheiterten mein Gemüt.

Abendessen, ein abschließender Gang vor die Tür, das Reinigung Ritual vor dem Spiegel. Ich hatte mir angewöhnt die bestrahlte Kopfhaut mit Haut Öl aus der Apotheke, Calendula, einzureiben.

Dann passierte das, was ich nicht für möglich gehalten hatte.

Meine Hand ist voller Haare, ich überlege woher die kommen, das Waschbecken ist voll, was ist das denn?

Ein Aufschrei, ich rufe meinen Mann und kann es nicht fassen es sind meine Haare, die sich vom Kopf lösen, als würden sie abgestoßen.

Für sie als Leser vielleicht banal, unverständlich, für mich ist es wie eine Kapitulation, was soll denn noch geschehen was muss ich erdulden ertragen?

Bis heute fühle ich diesen Schmerz, die Verzweiflung, nicht einmal das angedeutete drohende Ende meines jungen Lebens dringt so tief in mich ein wie das Geschilderte.

Ich weine mich in den Schlaf, ich möchte mich verstecken.

Die Mastektomie der linken Brust war schlimm, aber mit dem was ich jetzt fühle nicht zu vergleichen.

Nichts was danach geschah, die gesamte Chemotherapie, die 6 Zyklen umfasste, waren so schrecklich wie der Verlust meines Haupthaares.

Bis heute kann ich nur bedingt die Handflächengroße zart mit Haarpflaum

bedeckte Kopfseite im Spiegel ertragen. Ein Makel der mich immer erinnert,

was für eine Pein über mich kam.

Gut, dass ich die Perücke dabei hatte, Mützen und Schals massenhaft kaufte, obwohl ich in vergangenen Zeiten jede Art von Kopfbedeckung vermieden hatte, nun war ich wie im Wahn.

Mein Mann kaufte mir Wolle, die ich zu Haarbändern verarbeitete, jedes Kleidungsstück wurde kombiniert mit dem passenden Haarband.

ABER, das war Kompensation auf hohem Niveau. Innen drin war es furchtbar.

Vorweg kann ich alle beruhigen, meine Haare sind lang, sehr lang über 50 cm.

Ich kämme sie mit Seitenscheitel niemand würde je vermuten, dass da etwas fehlt. Sie sind viel gelockter, sehr gleichmäßig und wunderbar in der Struktur.

Der Haarausfall kommt NICHT durch die Chemo, die Haarwurzeln verbrennen durch die intensive Bestrahlung, aber nicht alle Haare, sondern nur dort wo die Einheiten beständig einwirken.

Im gesamten Tumorgebiet und Sicherheitshalber ein Stück weit darüber.

Mit Perücke gehe ich unter die Leute, das Gefühl, jeder könnte dir die Haare vom Kopf reißen, ist komisch. Wenn der Wind besonders bläst, wenn du eine Sonnenbrille trägst, wohin mit den Bügeln unter die Perücke?

Mein Kopf ist bis auf ¾ der gesamten Kopf Oberfläche kahl, einem Punk gleich

sehe ich mich. Uppercut ist in, aber selbst das sieht anders aus.

Habe meinen Mann gebeten Fotos zu machen, inzwischen sind sie unauffindbar, so kann ich sie dem Buch nicht hinzufügen.

Faszinierend ist, niemand erkennt mich, ich kann vollkommen anonym durch die Stadt meiner Heimat laufen.

Wenn das Wetter es zulässt und ich nirgendwo einkehre, trage ich eine von meinem Mützen oder später am liebsten meine Haarbänder.

Was ich noch tun kann

In vielen Gesprächen mit Fr M-B, ich kann alles mit ihr bereden, komme ich mir mit meiner völlig veränderten Lebens Situation, selbst ein Stück näher.

Es scheint, dass sie nicht bewertet, sondern den Patienten sich in der Selbstfindung unterstützt. Wir lachen miteinander, ich weine, trauere um mein

so *anderes* Leben, sie hört mir zu, lässt mich gewähren und stärkt mich.

Es gibt Absprachen, dass ich zunächst nicht schwimmen gehen darf, nicht allein

Sport treiben soll, nicht allein unterwegs bin.

Sie animiert mich zum Reha Sport, der in der Praxis angeboten wird. Das Schöne, es ist ein Fitness Studio, wo Betroffene mit Nicht Erkrankten gemeinsam trainieren.

Ich lasse mich darauf ein und merke wie gut es mir tut.

Sich spüren, wissen du kannst etwas tun, gemeinsam in Bewegung sein angeleitet von so netten Menschen, gibt mir Sicherheit und Selbstvertrauen. So bin ich auf dem Laufband, dem Ergometer

1 x die Woche je nach Bedarf bis zu

3 x die Woche anzutreffen. Unterstützend bekomme ich Sauerstoff über die Nase, das ist die sogenannte Mehrschritt Therapie nach Ardennen.

Kurzfristig erinnert es mich an die Intensiv Betreuung im Krankenhaus, aber wenn der Schlauch im Nacken gehalten wird kann ich es aushalten.

Ganz ehrlich, manchmal dachte ich, ich falle vom Rad, die Knie, die unter mir nachgeben wollen. Aber nein, mit Würde schaffe ich den Abstieg und gehe in die Umkleide. Es sind jeweils 30 Minuten die ich radel oder laufe.

Alle um mich herum, die in meine Behandlung involviert sind ob hier in der Praxis im Krankenhaus ,der Hausarzt, die Zahnärztin, die Gynäkologin,

sind beeindruckt über meine Haltung, die ich angesichts der Schwere meiner Erkrankung an den Tag lege.

Ich will es schaffen, will nicht jammern, klagen mich bedauern, nicht in die Zukunft sehen.

Hier ist wichtig Heute.

Diese Zeit von Dezember 2010 bis Ende August 2011 ist eine Zeit wo ich durch tiefe Täler an Grenzen gegangen bin, die ich nicht kannte. Mauern zum Einstürzen gebracht habe, weil ich die Ausnahme sein wollte die jede Statistik Lügen straft.

Wenn sie lieber Leser ein Brathuhn verspeisen, ich ihnen dabei zusehe, haben wir statistisch gesehen, jeder ½ Huhn gegessen mit dem Unterschied, sie sind satt und ich bin hungrig.

So ist das Leben, ich finde das Beispiel schön, es hat nichts mit Krankheit aber viel mit dem Leben zu tun.

Überhaupt gelingt es mir, die Krankheit nicht immer im Fokus zu sehen, sie beherrscht nicht jeden den Tag und jede die Nacht.

Maske weg Fest

März 2011

Letzte Bestrahlung, mein Mann rührt mir den letzten Vitamin Drink an, ich will das Zeug nicht mehr, lecker ist anders, aber heute ist ein besonderer Tag.

Zum allerletzten Mal gehe ich mutig in den Raum, schaue mir das Gerät bewusst an, dieses Monstrum, die lieben Leute sind um mich herum.

Nie war ich hier eine von Vielen immer, jeden Tag behandelte man mich mit Empathie, hat mich getröstet mich ermutigt, mir die Wange gestreichelt, mir den Kopf gehalten.

Sie haben gewartet, wenn mich die Furcht überkam, mir zugeredet, sogar die Kopie einer Patientenverfügung besorgt, alles was sie tun konnten, haben sie getan. Tränen der Rührung steigen in mir auf, aber jetzt noch einmal.

Ruhe bewahren, entspannt, liegend lächeln, die Maske aufsetzen, dann

den Raum verlassen es geht los, das LETZTE Mal, es surrt es macht diese komische Geräusche, der Geruch, all das prägt sich ein.

Gefühlte 10 Minuten später, es sind aber nur 4-5, werde ich entfesselt

Für IMMER.

In brünstig denke ich, niemals will ich euch wiedersehen.

Laut sagen wir, wenn wir uns begegnen, dann nicht hier. Das geht in Ordnung.

Wir umarmen uns, ich nehme die Maske mit, dann entschwinde ich Richtung Ausgang. Geschafft.

30 Tage Bestrahlung 30 Tage Begleitchemo, jetzt habe ich 6 Wochen Pause.

----------------------------------PAUSE----------------------------------

Fahre zukünftig 1 x die Woche in die Tagesklinik zur Blutozon Behandlung, ja es heißt anders aber ich kürze es so ab.

Die Loko regionale Hyperthermie nehme ich 2 x die Woche in Anspruch.

Zum Abschied gehörte ein leckeres Paket für die Mannschaft in der Radiologie mit Kaffee und Tee, Süßigkeiten ,Fruchtsäften und einem kleinem Büchlein mit

Danksagungen.

In der Praxis für Komplementär Medizin wollte ich den guten Geistern, den helfenden Händen an meiner Freude teilhaben lassen, der erste Etappensieg war eingeläutet.

Zeit zum Innehalten

Was ging es mir doch gut, es gab nichts zu beklagen, den Umständen entsprechend war ich richtig gut drauf.

Wenn die Gewichts Zunahme, Medikamentös bedingt nicht wäre, könnte ich singend hüpfend über Bäche springen.

Das Haar Thema habe ich hinreichend erläutert, um mich abzulenken arbeitete ich an einem Antikrebs Pullover, ein Hobby von mir, das Stricken wieder auf zu nehmen.

Gesunde Ernährung, ich lese Bücher wie „Krebs mag keine Himbeeren" und beschäftige mich mit Achtsamkeit, Mediation Übungen, progressiver Muskelentspannung, um heraus zu finden, was mir entspricht .Yoga für Menschen mit Krebs, Ausdruckstanz, der Markt ist voll von Angeboten.

Wichtig war mir, beweglich zu bleiben, die Gelenke, besonders die Knie haben sich bis heute nicht ganz erholt.

Ich kann walken, joggen bereitet mir Schmerzen, ich fühle mich im Wasser wohl, und gehe wandern. Es müssen keine Bergtouren sein, aber in Bewegung

sein ist einfach schön. Immer schaue ich nicht defizitär auf mein Leben, was kann ich, bestimmt mein Leben, halbvolle Gläser stehen vor mir.

Wie ich eingangs schrieb, ist das ein Mut mach Buch, das den Ernst nicht verschweigt, aber das Leben bejahend annehmend, begreift ‚es gibt ein Leben mit der Diagnose Glioblastom multiforma.

Eine wundervolle Begegnung

Leider ist diese Frau nicht mehr hier auf Erden, der ich die Entstehung dieses Buches verdanke, denn sie war es, die mich anhielt, dass, was ich so in Worte fasse nieder zu schreiben.

Ich nenne sie **meine liebe Gute**, ihren richtigen Namen kann ich nicht schreiben, ihren richtigen Vornamen behalte ich in meiner Erinnerung diese tapfere Frau in meinem Herzen. Sie verließ diese Welt im Jahr 2013 im Juni.

Aber von Anfang an, sie sah mich und beobachtete mich, sie war so schön anzusehen, sehr schlank, fein angezogen sehr ästhetisch, Lippenstift, ansonsten kein Makeup. Sie bekam viele Infusionen, Chemo in den Port, ihre Krankengeschichte ist eine andere, das ist für eine gewachsene Freundschaft nicht von Belang.

Ich bewunderte ihr Haltung die Würde, die sie ausstrahlte.

Leben mit Krebs, mehr als 40 Jahre, meine tapfere Heldin. Irgendwann traute ich mich, sie anzusprechen, wir erzählten uns rasch, wer wie von der Krankheit betroffen war. Ich war auf der Suche, nach Menschen die sich engagiert mit

Krebs Erkrankungen auseinandersetzten, die nicht stecken bleiben in Wehklagen und dem immer Warum, warum ich, was habe ich verbrochen, warum passiert mir so etwas. Meine Frage ist;

Wozu dient diese Krankheit, was will mir meine Seele mitteilen?

Es reicht doch nicht, auf der physischen Ebene zu heilen und zu behandeln.

Wir sind eine Dreifaltigkeit aus Körper, Geist und Seele, so kann ich konstruktiv

mit dem veränderten Leben umgehen.

Die liebe Gute vertrat denselben Denkansatz und bot mir Literatur an, die Bücher;

„Wieder gesund werden" und „Auf dem Weg der Besserung"

Von O. Carl Simonton, Stephanie M Simonton und James Creighton

Es handelt von dem Versuch einer Erklärung zur komplexen Behandlung,

die Entstehung von Krebserkrankungen zu erläutern, Wege aufzuzeigen,

was möglich ist das Positive zu sehen, die Chance, die Krankheit impliziert.

Selbstheilung's Prozesse in Gang zu setzen, sich bestimmter Methoden zu bedienen um weiter machen zu können. Kein Vorwurf ist zu finden in den Worten. Mich hat es ungemein bereichert, es gibt Fragen, die ein jeder sich stellen kann. Niemand schaut dir über die Schulter, du musst nichts leisten und darfst alles denken, schreiben, egal wie man sich dem Buch nähert, es bietet

viele Möglichkeiten ,etwas für sich heraus zu picken. Ich lese selten ein Buch von vorn nach hinten, meist lese ich quer oder beginne mit dem Ende.

Es tut der Wirkung auf mich keinen Abbruch, es ist phantastisch. Ich finde zwei für mich wichtige Kapitel, es geht um -schwierige Situationen-, die man im Leben meisterte und um -das Krafttier-.

Es handelt davon sich selbst nicht genügend schützen zu können, sich zu überfordern.

Warum auch immer, ich weiß sofort, was es in meinem Leben war, ich kann sogar das Datum nennen, wann es sich in Gang setzte, was ich nicht mehr kontrollieren konnte, keine Kompensation mir Erleichterung verschaffte.

Es war im meinem 45.-46.- Lebensjahr, eine hässliche Sache, bei der ich zum ersten Mal Verlierer war. Ich war in einen Komplott geraten, der mit mir nur indirekt zu tun hatte, aber ich war das „Bauernopfer. Es ging um eine Interessensbekundung an einem neuen Aufgaben Gebiet innerhalb der Firma.

Eine Aufgabe zu übernehmen die nicht einmal mit höherem Verdienst verbunden war, sondern die berufliche Sicht verändern sollte, neue Menschen in meinem Umfeld, andere Inhalte, Projekt Arbeit gestalten, das was mir lag .

Es ist nicht wichtig, was es genau war, es würde Menschen schlecht dastehen lassen, das möchte ich nicht. Einige sind schon im Ruhestand, andere sind noch im Dienst. Die Situation an sich macht nicht krank, aber der Umgang damit war

schädigend für mich .Kurz um ich bekam trotz Fürsprache diese Aufgabe nicht übertragen.

 Habe so viele Tränen vergossen, es ließ mich nicht mehr los. Warum nahm es diese Wichtigkeit ein, ich sah mich ausgebremst.

Es ging etwas in mir verloren, ich machte weiter, aber es war niemals mehr das Selbe.

Die Erkenntnis ist wie eine Befreiung für mich, die Bitterkeit löste sich, ich sah die Menschen mit anderen Augen. Niemand war da und fing mich auf, ich hätte es vielleicht nicht zugelassen.

In meinem 49. Lebensjahr wurde ich zum ersten Mal mit der Krankheit Krebs konfrontiert. Die Brustkrebs OP war im Januar 2010. Ich begriff es nicht so ganz, knapp 6 Monate später funktionierte ich wieder „perfekt"

Mit 50 Jahren kam der Donnerhall, da habe ich es erst richtig begriffen, wer, was von nun an in mein Leben gehört und was nicht.

Zum Buch zurück, die zweite wichtige Lektion ist, sich seines Krafttieres bewusst zu werden.

Erinnern sie sich an die erste loko regional Hyperthermie, das Gefühl, Eins zu werden mit dem Wasser, der Delfin, der mir zulächelt mein Tumorgebiet an stuppst.

Wie das genau geschieht weiß ich gar nicht mehr, ich träumte von einem Delfin, der mir Unterstützung anbot. Es war ein schöner Traum, ich sprach nicht darüber bis, ja bis ich dieses Buch in meinen Händen hielt.

Es fiel mir zu, wie die liebe Gute, die mich begleitete, während ihr selbst die Chemoinfusion arg zusetzte.

Sie klagte nicht, wir lachten und sprachen viel, unterstützen uns, hielten einander an den Händen und gaben uns Stärke, ich war ein wenig, die Tochter die sie nicht hatte, sie war einer Mutter ähnlich.

Das besondere spezielle Erlebnis mit meinem Krafttier;, er teilte mir mit, er würde solange bei mir bleiben bis ich es alleine schaffe".

Heute nehme ich es vorweg, er war bei mir, in jeder Behandlung, bis zum Frühjahr 2013, dann schwamm er davon. Sollte er mir jemals wieder begegnen, weiß ich, dass er mich warnt.

Wir sind im Frühjahr 2014, er ist nicht aufgetaucht .Ich bin ihm nachgespürt,

war an einem Ort wo Delphine frei leben, kurz kam er an das Boot, schaute nach mir und schwamm sofort davon.

Das ist wahr, ich schwöre es.

Das hat mir die liebe Gute geschenkt, sie hat mir eine Tür geöffnet, die ich zwar sah, aber deren Schlüssel ich nicht besaß.

Wir tauschten unsere Kommunikation ,s Daten aus und telefonierten miteinander, als ihre Kräfte sie verließen, schickte ich ihr E-Mails, die ihr Mann

ihr ausdruckte. Ich lud ein Programm herunter mit lustigen Animationen und Briefpapier. Mit Gedichten und schönen Versen machte ich ihr Mut .Sie schrieb nie zurück, das war nicht ihr Metier, aber sie rief kurz an und freute sich. Einmal äußerte sie die Idee, ein Buch schreiben zu wollen.

Inspiriert von ihren Erlebnissen, mit der Krankheit umzugehen, wolle sie mir ihre Geschichte erzählen, die ich niederschreibe. Ich war tief bewegt.

Ja meine liebe Gute, du hast das in mir bewirkt, du warst meine Begleitung mein Impulsgeber, mein innerer Verstärker.

Da ist noch wer **Black Lady**

Black Lady, sie ist die Frau, die ich als die Sehende bezeichne.

Sie war und ist nicht zu übersehen, ihre dunklen Augen wandern durch den Raum, sie sieht die Menschen an, ihr Blick blieb oft an mir hängen.

Sie gefiel mir sofort, obwohl wir optisch nicht gegensätzlicher hätten sein können.

Wie sagt der kleine Prinz Sinn gemäß:

„man sieht nur mit dem Herzen gut, das Wesentliche bleibt für den anderen

unsichtbar"

Wir sahen uns, sie bemerkte meine weit aufgerissen Augen, die alles verstehen wollten.

Irgendwann bekamen wir einen Platz nebeneinander, sie hing an ihrem Tropf,

ich an Meinem, da sprach sie mich an, es war im Februar 2011:

"da kommt nix mehr, junge Frau, da ist alles raus"

Diesen Moment erinnere ich für immer. Es lässt mich vieles vergessen, lasse die anderen mich immer wieder auf den Ernst der Lage hinweisen, denke ich an die Sehende.

Wir begegnen uns hin und wieder in der Praxis, erfreuen uns an unserer Gesundheit und immer bestätigt sie ihre Aussage, „Mädchen, mach so weiter dann kommt nix mehr, die anderen können sagen was sie wollen, du bist sauber".

Die Angehörigen

Die Familie

Bevor ich ein wenig ins Detail gehe, sage ich DANKE, allen, die mich im Krankenhaus besuchen konnten, es lag meterhoch Schnee, es fuhren keine

Öffentlichen Verkehrsmittel, die Streudienste konnten dem Schnee Aufkommen nicht Herr werden, so freute ich mich über alle Besuche und sah es jedem nach, der nicht kommen konnte.

Zudem war Weihnachten in vollem Gange, was wollte ich erwarten

wer nicht persönlich auftauchte rief mich an, das wurde für mich so anstrengend, dass ich zwischendurch den Stecker zog, ich konnte nur bedingt telefonieren, der Kopf war so durcheinander.

Mein Mann entlastete mich, er bedankte sich, ich brauchte Ruhe.

Eine OP am Kopf hat wohl eine Hirnschwellung zur Folge, das ist normal und nicht schlimm, aber es bedarf der Schonung.

Darum auch die völlig verdrehten Buchstaben, der Kopf /das Gehirn schützt sich.

Ich bin ein bisschen beschämt, nervös niemand kennt mich mit so kurzen Haaren, die ich auf eigenen Wunsch auf-7 mm- schneiden lasse.

Verblüfft stelle ich fest, es scheint für niemanden so wichtig zu sein.

Was ich wahrnehme ist eher ein Gefühl der Erleichterung.

Ich höre wundervolle Sätze, wie hübsch ich doch sei, was für eine schöne Kopfform sichtbar wird, dass ich gar nicht wie eine an Krebs erkrankte Frau aussehe. Diese Hürde ist geschafft, wir reden, meine Eltern sind natürlich sehr betroffen.

Alle Menschen um mich herum versuchen so normal und natürlich mit mir umzugehen. Ich möchte keinen Trost, was ich brauche ist Hoffnung auf eine Zukunft.

Ich schütze meine Familie, darum fasse ich hier mich kurz. Danke sage ich Allen.

Ich bekomme eine Einladung zu einem runden Geburtstag, der erst Ende des

Neuen Jahres stattfindet, das gefällt mir besonders, nach Vorne schauen.

Lange schaffe ich es nicht, mich zu konzentrieren, meine lieben Besucher, die Familie, Schwester Schwager Nichte uvm. reagieren mit großem

Verständnis, ich glaube alle sind froh, geradezu erleichtert mich zu sehen.

Ich habe ehrlich gesagt gar keine Ahnung wie es anderen nach so einer OP ergeht, das erfahre ich erst später.

Bei all den Besuchen reden wir nicht über die Diagnose, einfach nur, ein Tumor

der heraus operiert wurde. (Mein Gespräch war erst am 28.12.)

Die normale Behandlung ,die alle Krebserkrankungen nach sich ziehen und gut ist es.

Was mir in Erinnerung bleibt ist mein Großneffe, der ein halbes Jahr jung ist,

und die gleiche Haarfrisur hat, das finden alle lustig, weil ich es so ausspreche.

Natürlich spüre ich Betroffenheit, was so eine Krankheit bewirken kann,

ich will erst mal den ersten Schritt gehen, sich zu zeigen.

Ich lerne es, meine Emotionen in Worten auszudrücken, ich war immer gut, Gefühle anderer zu verbalisieren, das gehörte in meinem Beruf dazu.

So verwundet war ich noch nie, ich kann nur in eine neue Richtung gehen,

das ist mein Weg.

Werden die familiären Verbindungen enger, kommt man sich näher, nein.

Ich spüre in mir, wie ich Alle beäuge, nehme mir vor, Nichts zu verlangen.

Es gibt die oder den, da entsteht eine Verbundenheit, die wundervoll ist, genauso geht jeder in seine eigene Welt zurück.

Erwarte ich etwas, nein, das ist nicht so. Es ist kein Film, der rasch die Geschichte der Todkranken in aufwühlenden Bildern umsetzt, in elegischer Breite die Agonie hervorhebt, es ist hier und jetzt.

Wir feiern ein sehr schönes Fest im Januar miteinander, aber es strengt mich sehr an, dass ich zukünftig Abstand nehme. Selbstschutz.

Alle Geräusche dringen viel stärker zu mir durch, ich halte das nicht aus.

In mir ist das Bedürfnis nach Rückzug, das versteht nicht jeder, aber es ist mir egal.

Meine Wahrnehmung ist so geschärft, mir entgeht kaum etwas. Wer schaut verlegen zur Seite, wer ringt um Fassung, wer versucht, einzuschätzen wie es mir wohl wirklich geht.

Es ist

als hätte ich ein Sehen

was der Verstand nicht kennt.

Wahl Verwandtschaften

Dich erwähne ich mit, liebe Engelsgleiche, du bist da, du schreibst Karten, du schaust, was mir wohl Freude macht, deine Eltern haben dir den rechten Namen gegeben. Eine Beziehung entsteht. Vorsichtig versuchst du herauszufinden, was mir Freude macht, z.B. der Kuss vor dem Regen, ein Motiv nach Hundertwasser.

Der kleine Prinz in seiner blauen Phase und viele andere schöne Dinge von dir, wärmen mein Herz bis zu den Füßen. Asyl in deinem Bärenhaus, ich habe es nicht vergessen. Die Worte, die du wählst sind zauberhaft, ich kenne dich gut, du hast dir alles durchgelesen zu meiner Diagnose, die schlechte Prognose, du wendest dich mir so sehr zu, ich weiß, ich kann dir vertrauen. Du bist einer Wundertüte gleich.

So viele Briefe von Freundinnen, von Arbeitskollegen/ Innen, Post von Menschen die gehört haben, dass mit mir etwas nicht stimmt. Es sind Personen dabei, mit denen ich kaum Kontakt hatte in meinem Leben, es erschüttert mich, ich bin tief berührt.

Der Postbote, den ich hin und wieder antreffe, schaut mich an, ob ich vielleicht prominent bin?

Blumenboten halten bei uns Einzug, Orchideen, Topfpflanzen, wundervolle Sträuße.

Es ist überwältigend. Bunte Briefumschläge zu Hauf, es tun sich neue wundervolle Begegnungen auf. So offen ich in meiner Arbeit war, umso

verschlossener verhielt ich mich auf privater Ebene, auf einmal öffne ich die Türen weit. Ich lade nach und nach die Menschen zu mir nach Hause ein.

Immer ein Wundern Staunen, wie gut ich aussehe ich, der erste Schritt ist schwer.

Die Beklommenheit ist bei mir so intensiv wie bei allen anderen, es spricht sich herum, dass ich nicht krank ausschaue, mich schminke, die Mützen und Tücher mir gut zu Gesicht stehen.

Eine Besonderheit ist eine neue Bekanntschaft, die sich beruflich nie ergeben hätte weil wir auf unterschiedlichen Seiten standen, jetzt dürfen wir uns näher kennenlernen. Es ist etwas in der Art, Klient und Anwalt

Ich weiß, der Vergleich hinkt, aber ich schütze die Person. Heute treffen wir uns regelmäßig. Eine Freundschaft entsteht. Um mich sind Menschen, die ich seit über 30 Jahren aus der Arbeitswelt kenne, die ich aus den Augen verloren habe. Plötzlich begegnen wir uns. Manchmal tut sich nichts, das lasse ich auf sich beruhen, aber, manchmal öffnen sich die Herzen.

Da ist es wieder- Krankheit als Chance- zu betrachten.

Mein Mann /Geliebter

Hier und jetzt/ für immer

Könnte ich Gedichte schreiben, sie wären allesamt dem Liebsten, dem einzigen gewidmet, der den direkten Weg in meine Seele gefunden hat vor nun mehr 28 Jahren.

Er ist da, immer, an meiner Seite. Er lag im Krankenhaus zu meinen Füßen,

er rettete mein Leben, der Anfall, die Sofortmaßnahmen, der Rettungswagen,

die Umsicht ,die Ruhe, die Geborgenheit, die unendliche Liebe, die uns trägt,

alles erträgt.

Die Bettwache, das Hand halten, die Aufwachphase ,die Intensivstation, das

Michanschauen mit so viel Liebe. Egal, ob ich mit Schaum vorm Mund vor ihm liege, herum zapple, aggressiv bin oder ungeduldig.

Der tägliche Weg zum und vom Krankenhaus, meterhoher Schnee, den er durchwatet ist, immer ein Geschenk in der Tasche, Überraschungen ein Lippenstift Parfüm, Leckereien, die Mondstein Kollektion.

Mein Liebster hat Schmuck entworfen, mit den von mir geliebten Mondsteinen. Ein Ring ,ein Armband ,ein paar Ohrringe und ein Anhänger, alle

Steine sind in derselben Farbe gehalten .Es ist so schön, wenn es im Moment nicht wichtig ist, so weiß ich dass mein Schatz nichts auslässt mir eine Freude zu machen. Das ist das Weihnacht und Geburtstags Geschenk in einem.

Du mein geliebter Mann bist das größte Geschenk, jetzt und für immer.

Ich fühle deine Betrübnis, deinen Schmerz, deine Sorge, die Angst vor Verlust.

Was tue ich dir an, denke ich so oft, und warum gehst du nicht, was willst du mit einer todkranken Frau? Schau mich an, was hält dich denn noch bei mir.

Ich habe doch selber manchmal Furcht, bekomme wieder ich evtl. einen Anfall, was passiert mir denn im schlimmsten Fall? Sterben nein nicht jetzt!!!

Ist der Tod besonders grausam, wenn die Hirnfunktionen nach und nach aussetzen. Spreche ich Dinge aus, die dir Tränen in die Augen treiben?

Wie wird unser Leben ab jetzt verlaufen, wie vertrage ich die 6 Zyklen Chemo.

Einmal hast du es mir gesagt, was für eine unendliche Traurigkeit du verspürtest, bei jeder einzelnen Chemo Kapsel die ich schluckte.

Hatte ich doch seinerzeit sogar an einer Studie teilgenommen um einer Chemotherapie zu entgehen, aber das ist kein Brustkrebs,

NEIN das ist

die besonders bösartige Diagnose ,mit nichts anderem zu vergleichen, da gibt es keine Ausreden ,keine Flucht.

Es ist dir eine Qual meine Schwäche zu erleben, die ich zu verbergen suche.

Wir fahren 2 x in der Woche, in die Praxis, dort werde ich gepiekt,

du schaust zu, die Vene wird immer schlechter, die Tränen, ich kann sie nicht immer zurückhalten. Ich sehe die Verzweiflung, wenn du mich so erlebst, ich

höre den Schrei in deinem Innersten, „nehmt meinen Arm, tut es mir an".

Die anderen Patienten schauen dich an, kaum dass du den Raum verlässt raunen sie mir zu, was für ein Mann, was für eine Liebe.

Ich danke Gott jeden Tag dafür, dass er diesem Mann auf die Erde gelassen hat,

soviel Liebe und Glück sind in ihm.

An anderer Stelle berichtete ich darüber, dass es Sinn macht, psychologische Unterstützung und Beratung anzunehmen. Mein Mann nutzt das Angebot, diese Frau ist wirklich gut. Sie weiß um die Schwere der Diagnose

 sie versteht ihn sie weiß, was es heißt mit einer Krankheit zu leben.

__Die Kraft der **Selbstheilungskräfte**__ ein Tipp
auch von ihr.

Wenn ich mich matt fühle, was des Öfteren geschieht in Zeiten der Chemo

entdeckt mein Mann seine Kochkünste, ich kann erkennen dass er sehr aufmerksam meine Aktivitäten in der Küche beobachtet hat.

Nicht nur das, er orientiert sich an den Gerüchen, so kommt manch schmackhaftes Essen auf den Tisch. Ich bevorzuge leichte Kost, Gemüse Suppen, Pasta mit einfacher Tomaten Sauce. Mein Mann kocht sie frisch, nichts kommt aus der Dose.

Fisch und Geflügel bereite ich zu, Salate putzen können wir gemeinsam.

Der Haushalt, alles ist in seinen Händen. Es klappt wunderbar, als voll berufstätiges Ehepaar haben wir uns die Hausarbeit immer geteilt.

Nun macht er alles allein.

Es gibt Tage, da bin ich froh, es zum Auto, in die Praxis und wieder nach Hause

zu schaffen.

Dass ich mich nicht mit Selbstzweifeln quäle, verdanke ich so sehr IHM meinen Mann, der versucht alles so normal erscheinen zu lassen ,wie s unter diesen Umständen geht.

Ja, es gibt auch Situationen, wo ich mich unter Beobachtung fühle, wie unter der Lupe. Manchmal will ich es allein schaffen, wenn es nicht geht, kann er mir immer noch helfen. Ich bin doch noch nicht so beschränkt, dass ich gar nichts mehr kann. Das sage ich so laut und deutlich, es verletzt ihn und alles was er sagt, ist „entschuldige " jedoch! ich müsste mich entschuldigen.

Ja mein Liebster, ich schäme mich dass ich nicht immer den richtigen Ton treffe.

Ich kann nicht immer jedem Gespräch folgen, werde leicht ärgerlich, am meisten über meine Unzulänglichkeit, du erträgst das mit solchen Gleich -und Groß Mut, das macht es sogar noch schwerer für mich.

Das ist eine Liebe, die du lebst, so wahrhaftig, so innig, was kann ich dir geben?

Die Antwort bleibst du mir schuldig, nein „leben sollst du einfach leben, ich stelle keine Forderungen", nein das tust du wirklich nicht.

Ein sehr spezieller Mensch mein Heilpraktiker

Einem Mann möchte ich hier ausdrücklich danken er wird es nicht wollen, abwehrend reagieren, ich habe ihn so gern, auf eine Art und Weise, wie ein kluger, weiser, heilender Mensch gern gehabt werden kann. Er ist so etwas wie die Stimme des Gewissens für mich, er berät mich, behandelt mich, führt mich ins Licht. Es verbindet uns etwas, was schwer zu beschreiben ist. Er ist ein Heilsbringender, sehr gläubig, bescheiden. Ich fühle es, wenn er an mich denkt.26 Jahre kennen wir uns, mein Mann ist auch mit ihm bekannt, er schätzt sein Können. Sehr betrübt sieht er mich in der akuten lebensbedrohlichen Lage und begleitet mich. Wir telefonieren miteinander, seine guten Gedanken und seine Liebe zu den Menschen sind wie Balsam für jede verletzte Seele. Jeder kann sich an ihn wenden, er ist nicht nur für mich da, er wäre wohl überrascht, sollte er es je erfahren, wie ich die Beziehung zu ihm empfinde. Er gibt meiner Seele Nahrung.

Die Chemotherapie

die die Bluthirnschranke durchdringt

Es geht los, die erste Packung steht vor mir, die Höhe der Dosis richtet sich nach der Körpergröße und dem Gewicht, es wird nach der KO Formel berechnet, gut nach zu lesen in Infodienst der einschlägigen Suchmaschinen. Temolomozid, so heißt der Wirkstoff, der den Hauptbestandteil der Chemo Therapie ausmacht, schlucke die Kapsel jeweils am Morgen, vorab den Magenschutz. Es ist ein komisches Gefühl, sich bewusst Etwas einzuflößen, von dem man weiß, dass es ein Zellgift ist.

Ich will den Gedanken nicht zu sehr in mir zu lassen denn das macht es nicht leichter. Die Ärzte sind sich einig, dass die Kombination aus Schul -und Komplementär Medizin ein guter Weg sei, der Diagnose mit vereinten Kräften zu begegnen. Meine eigene Auseinandersetzung trägt ein Übriges dazu bei, diese 6 Monate zu überstehen.

Manche schreiben über diese Zeit, es sei die private Hölle, das kann ich nicht bejahen. Alles hängt von der eigenen Haltung ab, dem Schicksal auf Augenhöhe gegenüber zu treten. Wenn es einen Zusammenhang gibt, den Weg der Entstehung der Erkrankung zu verfolgen, verstehe ich es so, dass ich Signale meines Körpers ignoriert habe, meine Gedanken, Wut Trauer Zorn Enttäuschung nicht an mich heranlassen wollte.

Eine Narbe auf der Seele, einen Schmerz, die ich nicht in mein Bewusstsein dringen lasse, weil ich das nicht wollte, muss sich einen Weg bahnen. Jeder von uns hat eine Schmerzgrenze, jeder hält gewisse Umstände aus.

Das Leben geht weiter, man beschäftigt sich mit anderen Dingen, lenkt sich ab.

Funktioniert und leidet so sehr, der Eine nimmt ab der Andere zu, der Eine schläft schlecht, der Andere ist immer müde.

Eines ist bei Allen gleich, die Symptome werden nicht ernst genug genommen.

Bei andern Menschen haben wir ein Auge dafür, aber nicht bei uns selbst. Mein Bild von der Entstehung ist NUR das Meine,

eine Mutter mit einem kranken Kind, es gibt Hirntumorerkrankungen im Kindesalter, wird das nicht überzeugen.

Wie auch, vielleicht steckt in dem Fall eine andere Macht dahinter, dem Schicksal können wir nicht entgehen. Es geht nicht darum sich „schuldig gemacht" zu haben wie absurd. Aber jeder, wirklich jeder versucht sich an einer Erklärung.

Ärzte sprechen bei der Entstehung von Krebs von sich veränderten Zellen, ein höchst spektakulärer Vorgang, Vergleich einem Trojaner, der das Komplette System lahm legt. In meinem Umfeld gab es versteckt höchst interessante Interpretationen, warum ich krank wurde. Solche Schnell Analysen taugen nichts. Es gibt viele Beispiele, die das belegen. Später etwas dazu……………………….

Ich WILL diesem *Trojaner* zu Leibe rücken, einem *Untermieter* gleich, der meint sich bei mir *einnisten* zu können, den will ich in die *Wüste* schicken, ihm zeigen wo es lang geht. Kampflos räume ich das Feld nicht, so schlucke ich die Dinger, das Zellgift, dass ich als meinen Verbündeten ansehe.

Ernährung

Ich halte mich wacker, esse je nach Gusto, trinke viel stilles Wasser, abgekochtes heißes Wasser, es entschlackt und wärmt den Körper. Mich fröstelt immer ein wenig. Kräutertee mit Ingwer Wurzel schmeckt mir und nimmt den üblen Geschmack im Mund. Obst und Gemüse, was ich vertrage esse ich.

Was ich gar nicht vertrage sind Milchprodukte, kein Käse, Joghurt, nichts dergleichen. Fisch könnte ich täglich essen mit Zwiebel und Knoblauch gedünstet, ich verschlinge Unmengen von Tomaten Zucchini Paprika Auberginen, Spinat, alle Kohl Arten kommen auf den Tisch, gedünstet, fein gewürzt. Alle Sorten von Pilzen liebe ich.

Ich ekle mich vor Möhren, egal wie sie verarbeitet sind.

Als die Spargelzeit beginnt, kann ich kaum an mich halten. Salate erfrischen, die Landgurke, Schlangengurke, tierische Fett mag ich gar nicht.

Vollkornbrot Basamti Reis und Vollkorn Dinkel Pasta gehen immer.

Olivenöl oder Leinöl, Öle von der Walnuss oder Erdnuss, Kürbiskern Öl, alles wahre Delikatessen. Aber Butter kann ich nicht zu mir nehmen. Kein Fleisch.

Keine Wurst, es gibt wunderbare Vegetarische Brotaufstriche, die ich immer schon gern aß.

Eine Gewichtszunahme kann ich trotzdem nicht verhindern. Eine TCM Medizinerin sieht es als gutes Omen, das der Körper das Medikament verarbeitet. Dass mein Mann mir immer wieder sagt, dass ein paar Kilo mehr

mir gut zu Gesicht stehen, brauche ich eigentlich nicht erwähnen.

So verändert sich meine Konfektionsgröße von 38 auf 40/42/44. Je nach dem, von welcher Marke ich ein Produkt erwerbe, habe ich jetzt 3 Größen im

Schrank. Ich will mir nichts vormachen, nach und nach entsorge ich die kleinen Größen.bye bye, Idealmaße. Ich brauche keinem Ideal mehr zu entsprechen, dessen bin mir bewusster denn je.

Die langen Haare, das gute Aussehen, was ist wichtig, ich spreche so nicht darüber, aber es nagt an mir und ich will mich befreien von dem, Perfekt sein wollen. Krankheit macht ehrlich.

Liegt es an der Tabletten Chemo, das ich Rückschau halte. Wann hatte ich Zeit so nach innen zu gehen. In meiner Arbeit war ich immer sehr reflektiert, sehr klar, ich wollte das Beste für die Menschen um mich. Wenn es allen gut geht, kann es mir gut was wollte ich für MICH?

Wo waren meine Oasen, mich fragte mal eine sehr gescheite Person woher/ woraus ich meine Kraft schöpfe, ich konnte nur antworten dass ich mich einem Füllhorn gleich empfand.

Intrinsisch, aus mir heraus, kamen die schönen Einfälle, die guten Ideen, die unbändige Freude etwas zu schaffen.

Die Unterbrechung ,dass Erleben ,der Misserfolg, das Bauernopfer zu sein ,die Intrige, die um mich entstand, das war der CUT.

Mit einer Auszeit, es hätte jeder verstanden, wäre das zu ertragen und zu verarbeiten gewesen, aber eine Schwäche wollte ich nicht zulassen.

Niemand im Außen sprach mit mir darüber, hätte ich es zulassen können. Es gab Gespräche, aber es ging nur um Leistung, aber nie um die Sache, was für Desaster.

Heute bin ich froh, es ist die harte Tour, aber, heute weiß ich, ich muss für mich sorgen, mich um mich kümmern. Ein gesunder Egoismus trägt sehr zur Gesundung bei.

Die Müdigkeit übermannt mich häufig und ich gebe dem nach, gehe nicht über den Punkt, ich muss nichts mehr schaffen.12-14 Stunden Schlaf, keine Seltenheit, in der jetzigen Situation.

In den Armen und Beinen entwickelt so etwas was man als Restless Legs bezeichnet, es kribbelt und man kommt nicht zur Ruhe .Rastlos liegt man im Bett, aber ich versuche meine Spaziergänge einzuhalten ,dass die Gliedmaße etwas zu tun haben.

Was dauerhaft bleibt ist die Befindlichkeit Störung der rechten Hand, mal ist es der Daumen und Zeigfinger, mal die ganze Hand, die ich nicht fühle. Die Neurochirurgen hatten mich darauf hingewiesen, aber es fällt mir noch schwer, mich daran zu gewöhnen.

Die Komplementärmedizin II

In der Tagesklinik werde ich aufgefangen,

egal wie ich mich fühle wann immer ich die Praxis betrete ,werde ich mit Namen angesprochen ,sofort ist jemand da, der mich ins Labor holt, ich kann in Ruhe ankommen, es ist wie Wellness, der anderen Art. Ich bekomme einen Tee oder einen Becher Wasser, man erkundigt sich nach meinem Befinden, ist geduldig wenn ich Mund lahm bin.

Die Erfahrung mit Menschen während der Chemo macht sich hier bemerkbar.

Ich muss nichts, darf alles, reden schweigen, lachen

--es wird hier zu meinem Markenzeichen—das Lachen-mein Lachen -

Es ist ansteckend, mitreißend, fröhlich. Warum sollte ich nicht lachen, so viel Gutes begleitet mich auf diesem Weg, ich bin so dankbar weil völlig Fremde sich beständig meiner annehmen, bisher ,saß ich immer auf der anderen Seite des Tisches. In meinem Beruf löste ich Probleme, unterstützte, beriet, begleitete, organisierte Hilfepläne. Stellte Kontakte her, nun war ich die Nehmende.

Ich war angewiesen auf das Wohlwollen Anderer, aber niemand ließ es mich spüren. Was für eine Größe ,was für eine Haltung.

Um mich waren andere Betroffene, alle Formen der Krebserkrankung lernte ich hier kennen, allerdings ein" Glioblastom" traf ich nicht.

Eine Frau mit Hirnmetasen konnte ein wenig wahrnehmen, was das bewirken kann passieren. Sie war nach erfolgreicher OP im Rollstuhl, über ein Jahr Reha

hatten sie sich auf die Füße gestellt, der leichte Stolperschritt fiel nicht besonders auf. Ein schönes Beispiel, sie stand und steht vollkommen hinter den komplementären Anwendungen.

Es gibt auch andere Erfahrungen, uns Menschen sind Grenzen gesetzt.

Ich beobachte eine Frau, die immer in Decken gehüllt ist, sie scheint beständig zu frieren, sie scheint Schmerzen zu haben ihr Gesichtsausdruck ist voller Pein.

Aus eigener Erfahrung weiß ich, dass Krebs Schmerzen verursachen kann, nicht am Kopf aber damals an und in der Brust.

Ich erlebe im Laufe der ersten 1 ½ Jahre, dass Menschen nicht mehr wiederkommen. Niemand sagt etwas, aber die Stimmung ist ein wenig getrübt.

Alles versucht und dennoch verloren. Hier ist das normale Leben, Glück und Leiden sind unsere Kameraden.

Im Gespräch mit Fr M-B erfahre ich fortlaufend, wie meine Blutwerte sich

entwickeln, alles gut soweit. Die erhöhten Leberwerte sind ihre Sorge.

Ich nehme, Ardey Hepan, Lutsch Kautabletten, wechsle zu Hepa merz ein sich in Wasser auflösendes Granulat, als auch das die gewünschte Wirkung nicht erzielt, probiere ich einen Geheimtipp.

Urso Falk 300 mg, bekommen auch Alkoholiker, die eine Leberfunktion Störung haben.

Wenn es helfen kann, ist es mir recht. Alsbald kann ich einen Erfolg verbuchen.GGT von 900 auf 600 auf 400-auf 340-auf340 auf 245, 245 nach erfolgter Chemo –genau 2 Jahre später auf 117.

Jetzt pendelt der GGT Wert zwischen 250 und 170, das Antiepileptika wirkt leider auf die Leber ein, aber die andern Werte GOT GPT

sind im Normbereich.

Geduld zahlt sich aus.

Im Spaß sagt Fr M-B einmal zu mir, ich sei unverwüstlich, gerade wenn der Verlust eines Patienten erlebt wird, ist es für die Ärzte wichtig, Highlights

zu erleben also bin ich ein Highlight. Das gefällt mir zugegebenermaßen sehr gut. Positive Verstärkung, davon kann ich NIE GENUG kriegen.

Das Ende der Bescheidenheit ist eingeläutet.

Mein Immunstatus ist stabil, nicht einmal völlig gesunde Menschen sind so gut aufgestellt. Fazit ich mache weiter;

Infusion mit Ozon ,Blutwäsche ,Meteoeisen ,Elektrolyte und Vitamin B6.

Selen und Enzyme während der Chemo .

Kur weise Vitamin D in hoher Dosis, Weihrauch 3x 5 Kapseln täglich.

Anfallsschutz morgens und abends je 750 mg.

Urso Falk nehme ich abends, die Dosis ist Gewichtsabhängig.

Den Magenschutz nutze ich während der Chemo, steige danach auf ein viel günstigeres Mittel um, setzt es im Laufe des letzen Jahres ab.

Nie mehr schlucken als nötig, diese Ansicht teilt auch Fr M-B.

Ich habe mir für diese unterschiedlichen Präparate sehr schönes Porzellan

angeschafft, kleine handbemalte Dosen, mit Rosen Muster, eine Bonbonniere für jeweils 100 Kapsel Boscari –mit einem Schwan – nach dem Vorbild des Bayernkönigs.

Desweitern ein Behältnis mit einem Porzellanschmetterling, so wird das Herausnehmen der Tabletten, Kapseln täglich zum Vergnügen.

Nur die Tablettenchemo bleibt in ihrem dunklen Behältnis. Der Inhalt der Kapsel ist gefährlich und darf nicht mit der Haut in Berührung kommen.

Die Mundschleimhaut leidet unter der Chemo, ich verwende eine Mundspülung, es gibt viele auf dem Markt ohne Alkohol.

Das ist ebenfalls eine Empfehlung, mir bekommt es gut.

Fortwährend gehe ich zu meiner Lieblings Behandlung der

--loko regional angewandten Hyperthermie—

Blutdruck messen, Schuhe ausziehen frei machen, so dass man sich wohl fühlt, zurzeit die Perücke vom Kopf nehmen, Schmuck ablegen usw. Hinlegen auf die für mich vorbereitete Liege, immer der prüfende Blick auf die Narbe und die Kopfhaut, natürlich sehen sie meinen lädierten Schädel, das ist mir so unangenehm, dass Tränen fließen.

Meine Wegbegleiterin ist Zeuge dieses Ausbruchs, sie nimmt mich in den Arm wiegt mich hin und her, sie selber hat wunderschönes Haar, haben alle nur ich hab nix da auf dem Kopf, sie versteht das so gut.

Ich komme zur Ruhe, in Folge passiert mir das nicht mehr.

Dass ich die Kopfhaut mit nativem Olivenöl pflege, habe ich es erwähnt?

Nachts trage ich daheim eine Baumwolle Mütze, weil die Haut und die wenigen Haarborsten mich schmerzen.

Nach der überstanden Chemo nimmt sich der Körper die Kraft, die in mir wohnt und die Haare kommen ….gaaaaanz langsam zurück, bis auf das Tumorgebiet. Es tut sich etwas, erwähne es, das diese durchdringen der nicht zerstörten Haarwurzeln durch die gepeinigte Kopfhaut sehr weh tut. Als würden Nadeln von innen nach außen wachsen.

Es fühlt sich in etwa an wie ein 3 Tage Bart bei einem Mann. Ich sage nur, Pflege ist alles. Ich trage nachts Baumwollhandschuhe, damit die Haut der Hände nicht austrocknet. Man kann vieles tun.

Zurück auf meine Liege, das leicht schaukelnde Wasserbett, die Elektrode

die warme kuschelige Decke, mein Krafttier kommt zu mir, ich mache nichts schließe die Augen, bete ein „Vater unser" und tauche ein in das wunderbare Gefühl, dass alle noch vorhanden kranken Zellen sich auflösen und

ausgeschieden werden. Zu mir kommt mein Gefährte, er lächelt mich an, sein Blick ist tröstend, als habe er das mit erlebt meinen Anfall von Traurigkeit.

Wieder und immer wieder kommt er zu mir, stuppst mich an, er weiß, wo mein Tumor saß. Ich kann es fühlen, was er macht. Ich werde leicht ich glaube daran

Ich werde gesund.

Frau M-B weist mit Recht daraufhin, dass ein MRT jetzt Sinn machen würde.

Zum einem ist es für die Ärzte im Krankenhaus wichtig, für den Neurologen und natürlich auch für die Praxis.

Ich werde das angehen.

Ich gebe es gern zu, ich hasse es, fühle mich gut, warum soll ich mich der Prozedur unterziehen. Ja die Gefühle, aber der Verstand spricht eine andere Sprache.

Die Ärzte

Das erste MRT

Ich kann die meisten Telefonnummern auswendig, so vereinbare ich eine Termin in der Radiologie und einen Gesprächstermin bei Fr Dr.

Es ist Mai 2011, das MRT ist ein Spezial Gerät 3 Tesla, es hat eine besonders gute Bildauflösung. Mit meinem Mann an der Seite fahren wir ins Krankenhaus, das übliche Verfahren, Anmeldebogen ausfüllen und schon tauche ich in diese Anonymität des Klinik Alltags ein. Hier bin ich eine von Vielen. Versammelt mit Menschen die im Krankenbett, im Rollstuhl oder wie ich in Zivil Kleidung auf die Bestrahlung oder ein CT oder MRT warten.

Ich erkenne einige Mitarbeiter wieder, die mich durch meine Behandlung begleitet haben. Wir begrüßen uns und sie nehmen meine Vitalität wahr.

Dann werde ich hereingerufen, dieses Gerät ist sehr empfindlich, ich muss alles ausziehen, bis auf das Unterhemd und den Slip, meine Perücke auf dem Kopf, dass es nicht mein Haar ist, weiß niemand. Das Gerät reagiert sensibel auf alle künstlichen Materialien wie Kunststoff. So verstehe ich es.

Sie reichen mir Krankenhaus Kleidung, alles in braun gehalten das hebt meine Stimmung nicht gerade, braun ist nicht meine Farbe.

Hinlegen, der Hinweis, wie schlecht die eine Vene ist, wird ignoriert es wird gestochen, aber ich weiß, das lässt sich diese Vene nicht gefallen.

Ein Arzt sucht eine geeignete Stelle, Hauptsache das Ding ist endlich drin.

Kopfhörer auf gesetzt und los geht es. Zitternd lieg ich da drin in der Röhre, ich muss mich beruhigen, sonst gibt es keine auswertbaren Aufnahmen. Leichter gesagt, ein Gebet sprechen ja ein Gebet, ruhig werden atmen nicht vergessen.

Was mich immer wieder ablenkt, ist welcher Technik sie sich bedienen, dass ich mit Hilfe der Haube den Raum überblicke, die eingearbeiteten Spiegel helfen mir.

Die Tür wird geöffnet, das Kontrastmittel in die Vene geleitet, das machen sie manuell, ansonsten reicht eine elektronische Pumpe, die von außen steuerbar ist.

Ein Satz begleitet mich von nun an durch alle nachfolgenden MRTs;

>Wenn da etwas sein sollte, ist es schon da,

wenn da nichts ist, habe ich mich ganz umsonst aufgeregt

was auch kommt, es ist bereits entschieden<

So handhabe ich es jetzt immer. Ich werde ruhig, fast schläfrig.

Dann ist es überstanden, ich gehe, bedanke mich und warte wieder in Zivil

auf das Gespräch.

1 Stunde später, ein herzlicher Händedruck, das MRT ist ausgewertet, sie freut sich, bis auf maligne Tumorränder im Bereich der durchtrennten Dura ist nichts Auffälliges zu sehen ,ein minimales Rest Ödem, das sich weiter zurück bildet.

Besser kann es nicht sein, bin in der Chemo, das ist ein sehr günstiges Ergebnis.

Ich erzähle ihr von der Tages Praxis, habe Prospekte mitgenommen.

Sie untersucht mich, das Gleiche Prozedere wie bei meinem Neurologen. Wieder reagiere ich auf den Tests mit dem Hämmerchen mit Belustigung, alle Funktionen sind ohne Einschränkung. Sie freut sich mit mir, sie gönnt mir den Spaß, ich kann es deutlich spüren, natürlich war die Begegnung nach der

OP, das Aufklärungsgespräch etwas GANZ anderes, dessen bin ich mir sehr bewusst.

Dankbar verabschiede ich mich, den Bericht schickt sie mir zu, die CD hole ich mir später ab.

Was für ein Tag !!! Feiern möchte ich, auf der Fußmatte daheim steht eine schöne Blume, die Nachbarn für mich angenommen haben, die Kollegen aus meiner Wirkungsstätte haben mir eine Überraschung bereiten wollen. Ich habe sie immer noch ,3 Jahre später, ich pflege sie, mein 1 MRT so gut!!!

Zufall, Glück ,einfach Freude pur.

Ich informiere den Neurologen, die Fr M-B und meinen Hausarzt.

So halte ich es von an immer, alle bekommen eine E-Mail, ich möchte so viele an meinem Glück teilhaben lassen.

Mit der Zeit begreife ich, es ist meine Freude, für jeden Anderen ist es schön, aber der Alltag trennt uns, das ist gut so.

Mein Mann, er ist ganz still, war so sehr auf mich konzentriert, jetzt fällt alles von ihm ab, er ist erschöpft, jedes Mal.

Diese unsichtbare Furcht, die Verlustangst, diese Sorge, dass es mir schlecht gehen könnte, ich spüre es. Was kann mir noch passieren denke ich oft, ich bin so umsichtig, achtsam mehr geht nicht.

Der Schmerz den mein Liebster erlebt, das tut mir weh, so leid, ich muss leben für mich für ihn für uns.

Die Familie ist da, Freunde, vor allem die Engelsgleiche nimmt so intensiv Anteil. Fr M-B und das gesamte Team beglückwünscht

mich, Hände schütteln, in den Arm nehmen, es tut gut.

Das Konzept der 5 Säulen scheint aufzugehen

1. Standard Therapie/Stupp Schema/MRT Kontrolle

2. Komplemtärmedizin/Infusion/Vital Stoffe/Hyperthermie

3. Neuologische Betreuung/Tests/EEG/Anfallsschutz

4. Selbsheilungskräfte aktivieren/Sport /Ernährung/Reflektion/Ausblick

5. Liebe /das Herz öffnen/Sich lieben

Nächster Termin ist der bei meinem Neurologen, Dr.

Gehen sie niemals zu einem Neurologen unter Zeitdruck. Egal ob privat oder gesetzlich versichert, sie warten. Nehmen sie Brote mit, Wasser, suchen sie sich einen Platz mit frischer Luft, ein Buch egal, es dauert.

2-3 Stunden, aber es ist mir egal, was ich JETZT erlebe ist alle Zeit der Welt wert. Blick auf mich gerichtet, Blick in seine Unterlagen, Blick zu mir gewandt, was hat er bloß?

Er kann es nicht fassen, vergleicht seine Unterlagen mit dem MRT Befund, steht auf, kommt um den Tisch herum und gratuliert mir. Ich würde ihn am liebsten umarmen, aber das ziemt sich nicht, ich schenke ihm mein schönstes Lächeln,

das reicht, er fragt danach, was ich mache.

Berichte ihm von Komplementär medizinischer Begleitung.

Er sagt vielleicht zu Recht, ich kann es nicht überprüfen, dass es nicht bei jedem wirkt, dem kann ich nur entgegnen, dass es mein Maßstab nicht ist, Jeder zu sein. Was er nicht sagt, ist entscheidend.

Die Kostenübernahme ist ein sehr wichtiger Aspekt, ich werde es am eigenen Leibe zu spüren bekommen. Darüber mache ich jetzt keine Gedanken, wichtig, immer einen Schritt nach dem andern gehen.

Ein Glas Sektschorle darf ich trinken mit meinem Schatz.

Die Zeit ist ausgefüllt, ich bin schwer beschäftigt, Briefe und Karten zu beantworten, ich richte daheim mit Hilfe meines Mannes eine Flatrate ein.

Bisher waren wir nicht online, das möchte ich ändern, für Juni 2011 ist der Termin anberaumt .Ein sehr netter Arbeitskollege meines Mannes verhilft uns zu einem guten Laptop. Ganz ehrlich, ich hatte keine Ahnung was wichtig ist, also sucht er auf meine Bedürfnisse etwas Passendes.

Er spielt alle Programme auf, ich brauche nur noch den Anschluss für das Netz.

Just an dem Tag des Guten MRTs bekam ich Blumen von lieben Menschen meiner letzten Wirkungsstätte.

Etwas rührt mich zu Tränen, die Aussage:

„ liebe Frau K. G. wir wollen heiraten, aber wir warten damit, bis sie wieder im Dienst sind".

Das war so berührend, so innig, nichts Daher gesagtes, nein sie meint es ernst.

Zu diesem Zeitpunkt konnte ich keine Aussage treffen, wie es dienstlich und ob es dienstlich weiter ging. So schwieg ich, aber als bald kamen Dinge auf mich zu, die mir eine Entscheidung

abverlangten.

Die Krankenkasse

Meine Krankenversicherung hat mir die Komplementär Behandlungen lange Zeit finanziert, es gab eine Anfrage zum Abrechnungsverfahren der loko angewandten Hyperthermie am Kopf ,der Brief meiner behandelnden Ärztin schien Aussage kräftig genug zu sein ,dass ich eine Kosten Übernahme zugesagt bekam während der 6 Zyklen Chemo und darüber hinaus bis zum Jahresende 2011.

Enzyme, Weihrauch, Selen, Vitamin D, Meteoeisen und Vitamin B6, bis März 2012. Da half keine Begründung mehr. Die weiterführenden Maßnahmen waren und sind in den Augen der Krankenversicherung nicht mehr notwendig.

Wie kann das sein? MRT Befunde, die positive Verläufe aufzeigen, geben eine Grundlage, etwaige Kosten nicht weiter zu übernehmen.

Schlussfolgerung für mich---ich bin gesund---nein, so wird es nicht begründet, bei einem Rezidiv, z.B. würde der schuldmedizinische Weg eingehalten.

Darüber hinaus würde geprüft ob eine Komplementär Anschluss Behandlung sinnstiftend wäre. Präventiv Behandlung, wie die Langzeit Therapie mit der Wärme am Kopf wären durch und mit nichts zu begründen. Leider stimmt es, nirgends gibt es einhellige

Beiträge im Netz, oder in den Medizinischen Fach Büchern, die die Wirksamkeit belegen, es gibt Ärzte die forschen, aber meist im Zusammenhang mit der Stupp Schema Therapie—Bestrahlung Chemo---

Warum nehme ich einen Anfallsschutz? Soll das Mittel den Anfall nicht verhindern helfen. Was für Medikamente gilt ist auf andere Behandlungen nicht übertragbar.

Ich kürze das ganze ab, ABER, merken sie sich das, liebe Leser, schreiben sie, lassen sie sich nicht entmutigen, rufen sie an, tun sie etwas ,es ist nur für sie.

Ich hatte und habe sehr viel Glück, meine Krankenversicherung hat mir 3 x im Jahr je 10 Hyperthermie Behandlungen freiwillig finanziert. Jetzt ist das vorbei, aber die Mühe hat sich gelohnt.

Im Internet sind gute Anbieter für Weihrauch, Dr. Fernando hat ursprünglich an der Uni Klink Heidelberg geforscht in der Onkologie, er hat ein Produkt entwickelt, dass im Netz zu beziehen ist.

Immer nachfragen, ob es Rabatt gibt, etwa durch über die Höhe der Bestellmenge. In jeder privaten Praxis kann man vorstellig werden, auch wenn man nicht privat versichert ist. Einen Versuch ist es wert. Vielleicht weckt gerade ihre Diagnose das Interesse, Handeln müssen sie, es geht um das Leben, um das Überleben.

Merke:

Wer handelt kann nicht verlieren

Wer nicht handelt

Hat schon verloren

Ich bin meiner Krankenversicherung sehr dankbar, die Mitarbeiter haben meine tränenreichen Anrufe in der Regel sehr freundlich kommentiert, manche nahmen Anteil, trösteten und drückten zumindest Verständnis aus. Die verzweifelten sehr persönlich geschriebenen Briefe verfehlten ihre Wirkung nicht .Ich habe verstanden Versicherungen sind Wirtschaft Unternehmen, sie agieren unter rein fiskalischen Gesichtspunkten. Gerade darum sage ich danke, dass es die ein oder andere begründete Ausnahme gab.

Der Medizinische Dienst

Da muss ein jeder durch. Wer Krankengeld bezieht, ist einer Begrenzung ausgesetzt. Ich habe die 1 ½ Jahre ausgeschöpft, obwohl ich dafür kein Zeitgefühl entwickelt habe, war es jetzt soweit, den nächsten Schritt zu gehen.

Das ist ein hässliches Ding, so eine Untersuchung. Eine Aufforderung, verpackt als Einladung, erreicht meinen Briefkasten.

Merke dir, niemals findet ein Ort naher Untersuchung Termin statt, meist muss man an 2 Städten vorbei und, es ist mit öffentlichen Verkehrsmitteln nicht zu erreichen.

Gewappnet mit allen Unterlagen, die meine Erkrankung betreffen suche ich in Begleitung dieses Institut auf. Eine sehr komplizierte Anmelde Prozedur nimmt ihren Lauf, ohne jemanden an der Seite, ist es nicht zu schaffen. Die Fragebögen sind kompliziert formuliert, gepaart mit meiner Aufregung geht da gar nichts.

1 ½ Stunde Wartezeit, Kranke haben Zeit, darf ich die Untersuchung über mich ergehen lassen, anders kann ich es nicht ausdrücken.

Die Ärzte, die diese Gutachten erstellen, handeln nur aus einer Motivation heraus, sie wollen, dass " du der Krankenkasse nicht länger zur Last fällst".

Es gibt tatsächlich 10 Gebote für Krankengeld Bezieher, der erste Satz lautet so, wie ich es ausdrückte, nicht mehr nicht weniger. Also nehme nicht das Krankengeld, auch dann nicht, wenn es dir zusteht?

Es erinnert mich an die STVKO, kommst du mit deinem Auto auf die Straße, stellst du ein Hindernis dar, das verstößt gegen § 1 der STVKO, auf die Straße gehört kein Hindernis.

Ich bin wie ein Hindernis-nicht im Straßenverkehr-aber für die KK

Ich kürze es ab, diese 2 Stunden, man wird gemessen, gewogen und für tauglich oder auch untauglich befunden.

Egal was man sagt, ein Schmarotzer sollte sich bedeckt halten, so die eindeutige Botschaft.

Der Arzt, ein Rheumatologe freut sich über meine Beweglichkeit, hält mich für leicht adipös, auch das noch, und er ist so erfreut mir mitzuteilen, dass ich in 14 Tagen in den Arbeitsprozess zu integrieren sei. Darüber hinaus schätzt er meine freundliche Art, und besonders meine guten Umgangsformen!!!!Auf ein Wiedersehen kann ich verzichten, das drücke ich sehr höflich und deutlich aus. Ich bin am Ende meiner Kräfte.

Müdigkeit überfällt mich, ich lasse im Auto meinen Tränen freien Lauf. Mein Mann möchte am liebsten noch einmal rein, aber das kann ich Gott sei Dank verhindern.

Natürlich rufe ich daheim die Krankenversicherung an, die mit Entsetzen meinen Ausführungen Glauben schenkt, denn sie machen mir den Vorschlag einen Facharzt für meine Diagnose zu beauftragen.

Das Gutachten wird parallel zur Praxis der Ärztin und dem Neurologen gesandt. Eine gegenteilige Beurteilung findet ihren Weg zur KV. Ich bin geschützt, dennoch sehr verzweifelt, habe plötzlich große Not, wie lange ich finanziell abgesichert bin.

Es ist mir ein Grundbedürfnis, mich selber sichern zu können, manche verstehen das gar nicht, nach dem Motto, du hast doch einen Mann, aber das kann ich nicht ertragen. Ich will autark sein und bleiben. 33 Jahre Berufsleben,

es ist schwer genug, es loszulassen, aber nicht ohne finanzielle Versorgung.

Die Rentenversicherung/LVA

Ich muss einen Termin vereinbaren, der mir zeitnah gewährt wird. Alle Unterlagen in einen Ordner gepackt mache ich mich mit Begleitung auf den Weg.

Was für eine großartige Erfahrung;

Mit Namen angesprochen werde ich aus dem Warte Bereich abgeholt von dem mir zugeteilten Mitarbeiter, er geleitet uns in sein Büro, bietet sogar ein Getränk an, dann kümmert er sich um mein Anliegen.

Dieser Mensch ist sehr nett, er bemerkt sehr schnell, dass ich mir überhaupt nicht sicher bin, diesen Weg zu gehen. Wir gehen die Daten durch die

Anwartschaften, er liest in meinen Unterlagen, Brustkrebs, Glioblastom und Epilepsie. Er schaut auf, betrübt, erstaunt und voller Mitgefühl.

Er selbst ist Epileptiker und weiß um die Medikamente und Begleiterscheinungen, die das Krankheit s Bild mit sich bringen können.

Warum auch immer kommen mir die Tränen, ich bitte ihn einfach weiterzumachen, ich weiß genau, dass ich gerade über den weiteren Verlauf meines Lebens entscheide.

Mein Mann muss den Raum kurz verlassen, es ist für ihn Zuviel, er fühlt so sehr mit mir.

Dann geht alles rasch, ich muss etwas unterschreiben kontrolliere den Verlauf der Renten Versicherungsjahre und bin durch.

Mit niemand spreche ich darüber, ich kenne den Ausgang nicht.

Habe ich an irgendeiner Stelle erwähnt, dass ich einen Schwerbehinderten Ausweis beantragt habe, 100 % sind mir sofort innerhalb eines Monates anerkannt worden.

Das ist wichtig, denn ich beantrage die EU Rente, das heißt, Rente für Erwerbsgeminderte. Hat nichts, aber auch gar nichts mit Europa zu tun, ist nur die Abkürzung.

Was mir jetzt wichtig ist, das Mädel anrufen aus der Firma, dass sie das Aufgebot bestellen soll, es würde eine Entscheidung

fallen

Der Ausgang sei nicht sicher,

aber „ich kann nicht eine Eheschließung verhindern, die schon so lange geplant sei."

Denn eines weiß ich jetzt, in die vertraute Arbeitsstelle gibt es kein Zurück.

Dann kommt alles auf einmal.

Die Einladung zum Standesamt /
Der Rentenbescheid

Es ist wie eine Welle, die mich fortträgt.

Ich werde überschwemmt von Emotionen.

Nach 17 Monaten sehe ich „meine Leute" wieder, ich bin erfüllt so glücklich so berührt.

Der Renten Bescheid ist positiv, ich bin rückwirkend anerkannte EU Rentnerin.

So ein Bescheid richtet sich nach dem Monat der Antragsstellung, von diesem Monat an wird gewährt.

Beide Schreiben kommen an einem Samstag in meinem Briefkasten an.

Die nächsten Schritte

Ich sage mit Freude der Einladung zu, wie ein Lauffeuer verbreitet sich die Nachricht, dass K. G. kommt .Das Telefon steht nicht still und

mein E-Mail Postfach läuft über.

Ist das schön.

Das Übliche folgt, ich hatte es ganz vergessen was ziehe ich an, hab ich überhaupt etwas Gescheites im Schrank, diese Dinge waren in den letzten 17 Monaten nicht so wichtig. Aber nun trat das in den Fokus, mal wieder richtig schön machen, so mit allem Zipp und Zapp.

Ein Schritt in die Normalität ?

Desweiteren musste ich meinen Arbeitgeber informieren.

Mein Arbeitsleben ist abgeschlossen. Erleichterung macht sich in mir breit, endlich eine Entscheidung, die Türe schließen, die Flamme war schon so viel früher erloschen.

Ganz in Ruhe setzte ich einen langen Brief auf, gerichtet an „meine Leute „ein Letztes Mal nannte ich sie so in meinem Kopf.

Mir kommt der Gedanke in den Sinn,

was entscheiden wir in unserem Leben wirklich allein

und

was ist längst entschieden

worauf wir keinen Einfluss nehmen können?

Wie lernen wir zu unterscheiden

wo wir hätten wählen können

In ähnlicher Form, aber viel schöner ausgedrückt habe ich es in einem Buch oder war es ein Film wahrgenommen.

Es erscheint mir tröstlich, ehrlich und versöhnlich schauend auf all das was ein Leben ausmacht, vielleicht gefällt es mir, weil es in etwa meine Grundhaltung wiederspiegelt.

Der von mir sehr verehrte Dalai Lama gab sinngemäß etwas zum Besten;

Ein Problem welches gelöst werden kann

ist kein Problem mehr.

Ein Problem was unlösbar ist, lohnt nicht die Beschäftigung damit. Wie weise.

Die Wiedersehensfreude auf der Hochzeit ist kaum in Worte zu packen ,es fließen Tränen der Freude ,des Glücks, ich habe mir angewöhnt nur noch Wasserfeste Tusche zu nehmen ,denn die Augen füllen sich viel öfter mit Wasser, als je zuvor, die Braut brachte es auf den Punkt.

Taschentuchalarm, nannte sie das Phänomen, es war so schön, so beglückend so berührend.

Die Gäste um uns herum bestaunten das Ganze, andererseits, Tränen auf einer Hochzeit sind nicht ungewöhnlich.

Als bald tauchten wir in den Jubel Trubel ein. Was für ein sehr schöner Tag, der da hinfloss wie Seide, die mich liebkoste, meine Seele streichelte.

Dann war es VORBEI.

Es war beides zugleich, Wiedersehen und Abschied für immer, auch wenn man sich hin und wieder begegnet, es ist nicht mehr, wird nie mehr so, wie es einst war.

GEHE KEINEN WEG ZWEIMAL

HABE KEINE ANGST VOR DEM UNBEKANNTEN

Mit dem Motto lebe ich gut.

Der Abschied aus dem Arbeitsleben

Ist endgültig, eine kleine Einladung.

Es ist etwas anderes ob man aus gesundheitlichen Gründen ausscheidet oder ob man das Rentenalter erreicht hat.

Organisiere ein Frühstück und mache es kurz und knapp .Ich fühle es so. Das Arbeitsleben geht für alle weiter, so bekomme ich Zusagen Absagen, der Dienst hat Vorrang. Ein schnörkelloser Abschied nimmt seinen Lauf.

Was bleibt nach so vielen Arbeitsjahren? Es hat mich erfüllt, es ist vorbei.

Mir bleiben schöne Momente unvergesslich, die Gäste haben sich Mühe gemacht, mir etwas Bleibendes zu hinterlassen ein Tafelservice, was ich mir ganz neu zugelegt hatte zu ergänzen. Die vielen lieben Gesten ,die Umarmungen die lieben Worte, das ist in meinem Herzen.

In der Erinnerung sollte das gespeichert werden was dir Gutes widerfährt, das Andere ist Gedankenmüll.

Der Weg ist frei

Wohin geht die Reise?

Pragmatische Antwort, nach ROM, jede Stadt ist wunderschön auf ihre Art, aber Rom ist unvergleichlich schön und wunderbar. Die Sprache die Kultur ,

die Paläste und Prachtbauten, die Menschen, das internationale Flair, nicht zu vergessen das köstliche Essen und, ja ich darf, das Glas Vino de la Casa Rosso.

Der Petersdom, das Colosseum, verzückt, verzaubert, beglückt, berauscht. WER kennt nicht den Film mit Audrey Hepburn und Gregory Peck…..

5 Tage Rom erwandert, es ist ein Traum, verzeiht mir liebe Leser, ich zähle nicht alle Sehenswürdigkeiten auf, das füllt ganze Bücher.

Was mir fehlte?

Der Austausch, mit Menschen die am Kopf operiert wurden.

Wenn ich den Neurologen bat, ob er mir nicht jemanden kennt oder Kontakt herstellen könne zu anderen Glioblastom Erkrankten, wurde er still. Ich wurde mir dessen bewusst, dass ich zum Einen glücklich sein durfte und zum Anderen einsam war mit dieser Diagnose, Wegefährten waren rar.

Neue Wege gehen/Erkenntnisse

Es gibt ein Buch was mich, eines von ganz vielen, sehr inspiriert hat, ich verwende den einen Satz, der in meinem Kopf geparkt ist, es heißt in etwas so,

leider weiß ich den Titel des Buches nicht mehr,

„zwei Wege boten sich mir dar, ich nahm den, der am wenigsten betreten war."

Was bedeutet das?

Ich gehe in die Welt des Chatrooms, später mehr dazu.

Ich sammle Menschen, die mir entsprechen, ich gehe auf Menschen zu, mit denen ich nie zuvor so in Kontakt gekommen wäre.

Ich lerne es, große Hunde nicht zu fürchten, das ist eine unglaubliche Mutprobe, mein 2. Vorname hätte Hundephobikerin, heißen können, das dazugehörige Frauchen war natürlich nicht ganz unbeteiligt daran.

Ich nehme die Tarnkappe ab, stehe zu meiner Verletzlichkeit, ich konfrontiere Menschen, die mich nicht gut behandelt haben, mit ihren jeweiligen Verhalten.

Ich ordne mein Leben neu, ich räume auf in meinem Inneren und Äußeren Umfeld.

Ich achte mich und auf mich, ich kann das Gute annehmen, ich vertraue immer mehr meiner inneren Stimme, die ja sagt oder nein.

Ich achte auf meine Zeit, wie- will ich sie verbringen, womit, -mit wem?

Ich bin nicht immer rücksichtsvoll, aber absichtlich stoße ich niemanden vor den Kopf.

Ich lerne, dass es ein Leben ohne das Arbeitsleben gibt, ein langer Prozess, das geht nicht im Handumdrehen, aber die Umstände machen es mir leichter.

Ich lerne, wie schwer es für manche ist, mit einer kranken Mitarbeiterin umzugehen. Die stärkste Reaktion ist ein nicht reagieren, warum auch immer, hinzu kommt eine Begebenheit, dass jemand aus meinem Umfeld, an einer schweren Krankheit leidet, weiter arbeitet und stirbt. Warum sie so handelte weiß ich nicht, aber das war mir klar, dem Beispiel möchte ich NICHT folgen.

Ich lerne für mich und meine Rechte zu kämpfen, Auseinandersetzungen mit der Krankenkasse zu führen.

Ich lerne es, Ärzte abzulehnen, die nicht so für mich da sind, wie ich es mir wünsche.

Ich lerne es, meine Befindlichkeiten in Worte zu fassen.

Ich lerne ABER AUCH, dass Krankheit nicht zur Flucht verhilft, Rückzug aus dem realen Leben.

Krankheit ist kein Schutzschild, hinter dem man sich bequem zurücklehnen sollte.

>Man kann das Leben nur rückwärts sehen

Aber leben kann man es nur vorwärts schauend<

Ich lerne so viel und es ist noch lange nicht vorbei

Wie hätte ich sonst den Mut gefunden diesen Traum, ein Buch zu schreiben, zu realisieren.

Danke liebe Gute

Die Hilfe

Das Forum für Betroffene und Angehörige

Das war es, danach hatte ich gesucht, nein, das stimmt so nicht, es hatte mich gefunden.

Jetzt fühlte ich mich in der Lage, mich auszutauschen, zu lesen, zu berichten.

Das ist die Sache mit dem Chatroom. Ich bin mutig ich tue es.

Ich melde mich an, kreativ wie ich bin, unterziehe ich mich einer virtuellen Geschlechtsumwandlung, ich schreibe als betroffener Mann, der sein ganzes Leben neu erfindet aus der Not heraus ,sich mit einer anderen Lebensform anzufreunden.

Ich lerne so wundervolle Menschen kennen, wir sind alle mit Nicknamen unterwegs der Phantasie sind keine Grenzen gesetzt. Eiselfe, der Rosennarr,

die Frau auf dem Pferd, der Mann, der sich nach einer Süßigkeit benennt, die Künstler derer sind viele hier versammelt, die Blumen, die Tierwelt, der ganze Kosmos liegt uns zu Füßen. Der Indienfan, die Schörkellosen,die Datumsträger,

die Planeten, manche nutzen Filmtitel, die Frauen mit den orientalisch asiatischen Titeln, irgendwie passt der Name zu den

Typen, das ist beeindruckend. Manche drücken ihr Glaubensbekenntnis in ihrem gewählten Namen aus.

Ich nenne keinen einzigen real existierenden Namen denn das müsste ich mir genehmigen lassen, aber es ist so erfrischend wie angesichts der Tatsache, dass es hier um Leben und Tod geht, ein humorvolles Miteinander entsteht.

Lachen geht immer, wenn man es mag.

Was uns verbindet ist die Diagnose Hirntumor,

es gibt so viele Arten und Erscheinungsformen, wie es Menschen gibt. Keine Diagnose ist einer anderen völlig gleich. Wunderbar registriere ich dass alle Berufsarten vertreten sind, Akademiker, Mediziner Ingenieure, Doktoranten der Physik Chemie uvm, es gibt Beamte, Politiker Angestellte Arbeiter und Rentner.

Es gibt Männer und Frauen,

Mütter und Väter, Großeltern, Lehrer, Verliebte, Ungeliebte, Verlassene, Verzweifelte.

Es gibt Langzeitüberlebende, die meist nur sporadisch auftauchen und die so schwer Gezeichneten,

die Trost Zuspruch, Hilfe Beratung benötigen, es gibt Kämpfer, die immer wieder aufstehen. Es gibt Trauernde, die ihren Verlust mit uns teilen, den Schmerz die Verzweiflung.

Das Forum ist einem Füllhorn gleich, es nimmt mich ein, ich bin so begeistert, einer Droge gleich möchte ich mehr lesen, wissen und schreiben.

Von den Forumsmitgliedern werde ich so herzlich aufgenommen, es rührt mich, ein Willkommen und sofort die Frage, was denn mit mir sei und was ich so mache.

Ich bin in meinem Element, alsbald berichte ich ausgiebig über Komplementär angewandte Therapie, die Hyperthermie, die Mittel, wie Selen, Enzyme, Weihrauch und die Infusion Therapie.

Mit meiner Fröhlichkeit und jeder Menge Hoffnung ausgestattet fühle ich mich hier richtig.

Es dämmert mir, dass die Auswirkung der Diagnose sehr unterschiedlich bewertet wird. Der Allgemeinzustand ist einem Kaleidoskop gleich, wie jeder Mensch sein Leben lebt. Zum ersten Mal bekomme ich hautnah mit, was alles mit der OP oder während der Chemo und Bestrahlungen passieren kann.

Es ist längst nicht jeder so „unverwüstlich" so fit unter der Behandlung wie ich es erleben darf und durfte.

Ich lese von Rezidiv des Tumors im Kopf erfahre, von Menschen die gar nicht die Chance hatten zu kämpfen, es erschüttert mich.

Ich habe zeitweilig sogar ein schlechtes Gewissen, aber davon hat ja niemand etwas. Also versuche ich zu beraten, zu trösten zu antworten, gebe Tipps.

Ich lese etwas von Aprikosenkernen, Vital Pilzen, von Ketogenen Diäten, ob das Weglassen von Milchprodukten oder Kohlehydraten einen besonderen Effekt auf den Körper haben, viele Menschen, viele Meinungen. Jeder von uns ist überzeugt von den jeweiligen Methoden.

Mein Weg, dem zu begegnen ist der, es muss mich ansprechen, es muss etwas in mir auslösen, mich glauben machen, es helfe mir. Nicht einmal widerspreche ich dem, was so dargeboten wird nur ich stimme einfach nicht allem zu.

Es gibt so schwere Schicksale, da sollte man sich nicht streiten, es gibt u.a., eine unendliche Debatte zum Thema „Zucker und Krebszellen".

Mir kam der Gedanke, was Menschen bewegen könne, in eine so harte Auseinandersetzung zu gehen wo es doch um das Leben der Liebsten/des Liebsten geht.

Natürlich, es ist diese Ohnmacht, die Angst, die Sorge die einen zermürbt.

Meist sind es Angehörige, die etwas tun müssen, die nicht tatenlos zusehen wollen, was dem geliebten Wesen widerfährt.

Liebe und Verlust sind starke Motive, die uns leiten. Niemals im Leben sind wir verletzlicher als in der Liebe und in der Angst diese Liebe zu verlieren.

Männer sind vergangen vor Sorge um die Frau den Mann das Kind, unser aller Leben wird geleitet von dem Leit- Stern der Liebe dem Licht, dass die Liebe in den Herzen der Menschen entfacht.

Menschen können nur in Gemeinsamkeit glücklich werden das ist meine tiefe Überzeugung, das hat mich das Leben gelehrt. Damit ist jede Form der Liebe gemeint, die klassische Mann Frau Beziehung/ Mutter Vater Kind

Bindung /es gibt so wie Arten der Liebe wie es Menschen gibt. Niemand kann ohne das existieren.

So kann ich die vielen konfliktvollen Diskussionen besser verstehen lernen.

In diesem Forum ist der Handlungsspielraum sehr breit gefächert es darf so weit gehen, wie es die Rechte des Nächsten nicht verletzt. Produktwerbung ist untersagt, aber in persönlichen Nachrichten kann jeder jedem etwas schreiben.

Ich werde nicht müde, immer wieder meine Erfahrungen niederzuschreiben, wir wollen uns helfen. Es gibt, ich schrieb es bereits, wunderbare Menschen denen ich vieles verdanke. Wir lernen für unser Leben und das hört nie auf.

Im Forum kann ich ohne Maske auftauchen, es gibt so lustige alberne Momente im Chatroom die ich nicht missen mag.

Was schreibt der Süße sich so Bezeichnende zu seinem

2. Rezidiv—ich darf es Wortgetreu hier wiedergeben;

„An meine Freunde   Neues von der Front

nachdem ich meinen Untermieter im März erfolgreich aus der Wohnung schmeißen konnte, war heute wieder Gerichtstermin, ein neuer Mietnomade ruiniert mir die Bude, Räumungsklage ist durch Termin auf Ende nächster Woche gelegt, Zustand der Wohnung erst nach Räumung abzusehen, aber schlimmer als letztes Jahr, umfangreiche Sanierungsarbeiten sind wahrscheinlich, Näheres folgt bei Bedarf"

 danke H.B .F.

So ist die Umschreibung,

wenn im Kopf—die Wohnung—sich etwas einnistet-ein Rezidiv- wie es weitergeht ist nach dem MRT Befund nicht sofort ersichtlich.

Aber es geht auch so-etwas--------------------

Ob jemand die Haare schön hat, oder etwas Leckeres kocht, alles hat seinen Platz im unserem veränderten Leben.

Mit wem könnte man je so ungezwungen schreiben, sich öffnen, wenn es um das nackte Überleben geht. Die Momente der Trauer, der Sorge, der Angst finden ebenso einen Platz, wie das nächste MRT, eine OP, das Rezidiv, das Sterben. Tabus gibt es kaum, wer nicht will, muss nicht, wie überall entwickeln sich Sympathien oder Antipathien

Der Hirntumor Erkrankte hat ein Anrecht auf sein reiches Gefühlsleben. Die schreibend agierenden Professoren bereichern mit ihrem Fachwissen das Forum, sie sind ehrenamtlich tätig und beantworten wirklich „jede "Frage.

Die einzige Einschränkung, die ich wahrnehme, gehen Menschen mit der Diagnose Stellung ins Forum, sich quer durch die Vielfalt der Schicksale lesen, es kontraproduktiv sein kann. Soviel Leid und Kummer kann nicht jeder verkraften ich habe es erst 2 ¼ Jahr später entdeckt und es war gut für mich.

Bis heute schreibe ich, aber es verändert sich, das selbst Erlebte fließt in jedem Beitrag ein, dennoch spüre ich zuweilen eine gewisse Ungemacht über die ängstlichen, absolut negativen Denkansätze der Erkrankten und der Betroffenen.

Ich mache öfter eine Pause, es ist nicht jedem Menschen gegeben zu kämpfen, sich der Angst zu stellen, sie auszusprechen.

Vor dem Eintritt ins Forum kannte ich nur meine Strategie, die ließ ein Verzweifeln einfach nicht zu.

Leben und leben lassen, so soll es sein, den Versuch Menschen Perspektiven aufzuzeigen unternehme ich immer wieder. Spüre ich dass es so nicht genutzt werden kann, lasse ich ab davon. Möchte niemand verletzen.

Sowie dieses Buch eine Hoffnung in die Welt der Hirntumor Erkrankten tragen soll, so handhabe ich es in dem Forum.

Menschen mit Glioblastom und anderen Hirntumor Diagnosen kommen in der Außenwelt nicht vor, sie tauchen

nicht auf in den Medien, es sei denn, man legt sich auf die Lauer, ob irgendwo fern des Main Stream TV, Sendungen jenseits der üblichen Hauptsendezeit

eine Information zu dieser Erkrankung übertragen.

In der Fachzeitschrift „brainstorm" verlegt über die **Hirntumorhilfe e.V.** kann man sich umfassend informieren, aber wie daran kommen. Ich habe in meinem Krankenhaus in der

Radioonkologie Glück gehabt, dort fand ich eine Ausgabe, es gab ein Exemplar, dankbar konnte ich es nutzen.

Was für mich nie vordergründig war, ist die von Vielen geschilderte Not, finanziell an Grenzen zu stoßen, es gibt Männer und Frauen, die gerade in die Selbstständigkeit gingen ,Firmen eröffneten, ein Haus ihr eigen nannten ,sich mit einer Grundrente absicherten und dann kam die Krankheit.

Ich lese von Frauen, die verlassen werden von ihren Männern oder Männer die verlassen werden. Es bleibt die Ausnahme, aber es taucht alles auf.

Es erschüttert mich, das Forum kann zu mindestens verbal umarmen, trösten Tipps geben wie man wo finanzielle Unterstützung erhält.

Mir tut es gut, ich kann meine Fähigkeiten, meine Kenntnisse einfließen lassen in den Kommentaren, in den Beiträgen, informieren ,eigene Erfahrungen zum Besten geben, so kann ich anderen Gutes tun ,es ist wie das Leben selbst, Geben und Nehmen ,es ist ein Wechselspiel.

Es gibt Zeiten, da ziehe ich mich zurück, da wende ich mich mir zu, die Zeit für mich nimmt mehr Raum ein.

Tagesabläufe

Das Leben erhält zunehmend eine andere Struktur, die Freiheit selbstbestimmt leben zu können, nehme ich gern an.

Ein privater Terminkalender, stets griffbereit angebracht neben dem Telefon, ist immer prall gefüllt, die Termine in Düsseldorf, die absolut Vorrang haben in meinem neuen Leben, drum herum sehr viele Verabredungen, ich will ALLES.

Ja ich weiß, was jetzt kommt, liebe Leser, mein Mann lässt mich gewähren, aber es gibt Menschen, die kritischer hinschauen, begleiten und mir den ein oder anderen Hinweis geben, es etwas langsamer angehen zu lassen.

So wechsele ich zwischen Überaktivität und dem totalen Ausstieg hin und her ich muss mich finden.

Wenn man im Beruf engagiert täglich 10 + Stunden gearbeitet hat, daheim Telefonate führte, die im Zusammenhang mit dem Dienst standen, dann ist es schwer, ganz herunterzufahren.

Manchmal dachte ich, so, jetzt warst du lange genug krank, jetzt willst du es wieder wissen. Was keineswegs bedeutet, dass ich arbeiten gehen könnte, nein, dazu wäre ich gar nicht mehr in der Lage.

Das spüre ich, es ist schön, sich zu unterhalten sei es am Telefon oder im persönlichen Gespräch, bis plötzlich die Aufmerksamkeit wegbricht, ich abschalte.

Mein Kopf zeigt mir meine Grenzen, erschöpft muss ich mir eingestehen, dass es Zeit ist, für mich zu sein.

Die Erkenntnis tut manchmal weh, aber, sie muss tief eindringen in das Bewusstsein, immer und immer wieder.

Zuweilen geschieht es heute, ich stehe neben mir und genau weiß, ich gehe mal wieder über Grenzen.

Leben ist lebenslanges Lernen, ich lerne es auszusprechen, dass ich ab einem bestimmten Punkt nicht mehr aufmerksam bin, ich lerne es Termine abzusagen, wenn ich mich schlecht, müde oder erschöpft fühle. Ich unterliege mehr denn je Stimmungen, die mich positiv oder negativ beeinflussen.

Das Medikament, es ist nur noch das Antiepileptika tut ein Übriges, es wirkt auf die Psyche.

Hin und wieder sind Nebenwirkungen deutlich spürbar, die Schlafstörungen, innere Unruhe, Kribbeln in den Gliedmaßen Müdigkeit und Gereiztheit, einfach schlechte Laune zu haben.

Die MRT Untersuchungen, die zum Leben dazugehören, darf ich nun ½ jährlich durchlaufen. Die Anspannung im Vorfeld bleibt, aber wenn ich in der Röhre bin, greift der Satz, dass es entschieden ist, was auch immer das Ergebnis zu Tage fördert.

Der Radiologe, ich bin aus dem Krankenhaus Trubel ausgestiegen, der mich seit

Februar 2013 betreut, ist zuversichtlich, hoffnungsvoll, erfreut über die Ergebnisse, die bis zum heutigen Tag ohne Befund sind.

Er nimmt zur Kenntnis, dass ich neben den schulmedizinischen Maßnahmen die Komplementär Medizin in Anspruch nehme.

Epilepsie-für immer ?

Mein Neurologe freut sich mein Wohlergehen mitzuerleben, er weiß um meine Umtriebigkeit, wie ich engagiert in Eigenregie mein Leben in die Hand genommen habe. Die neurologischen Untersuchungen sind weiter unauffällig.

Es herrscht in Fachkreisen eine Mehrfach Meinung, ob des Levitiracetam Spiegels, der Wert bestimmt das Vorhandensein des Wirkstoffes im Blut.

Es gilt nach Aussage des Arztes ein Wert zwischen 10-30 und höher als Richtwert. Den habe ich bedingt durch Wechseljahrs Beschwerden das ein oder andere mal unterschritten .Starke Blutungen können den Spiegel absenken.

Dies hatte zur Folge, die Dosis des Medikamentes zu erhöhen, mein Beispiel;

750 mg morgens und abends waren meine Dosis, nach der Blutuntersuchung erhöhte ich auf Anraten des Neurologen auf morgens 1000 mg und durfte abends bei 750 mg bleiben.

Einmal bin ich sogar mit dem Rettungsdienst in ein naheliegendes Krankenhaus gebracht worden, weil sich die Vorboten eines Anfalls zeigten.

Niemand riskiert es, einen etwaigen Vorboten wie zucken, undeutliche Sprache, nuscheln, betäubtes Gefühl zu ignorieren.

Die Gefahr an einem nicht erkannten Grand Mal zu sterben ist zu groß.

Zurück zu dem Levitiracetam Spiegel ich kenne einen Professor, der eindeutig Stellung bezieht, dass ein hoher Wirkstoffspiegel kein Indiz für einen totalen Anfallsschutz bedeutet.

Immer mal zeigen sich Symptome, die einen fokalen Anfall bedeuten könnten.

Ein EEG und alle MRT s lassen, ich hatte einen einzigen Grand Mal

vor der Diagnose Stellung am 15.12.2010, keinen Rückschluss auf eine erhöhte

Anfallsbereitschaft erkennen.

Inzwischen war ich auf 1250 mg morgens und abends gegangen, das bekam mir

gar nicht gut. Ich schlief kaum noch, war gereizter denn je, ich empfand mich wie zu Anfang als Lebensunlustig, depressiv, immer müde und habe in vielen Gesprächen mit meinem Neurologen nach einer Lösung gesucht.

Heute nehme ich im Ausschleichverfahren-bitte niemals auf eigene Faust-niemals-experimentieren---

1250mg – reduzieren –auf das nötige Maß--

Seit Neuestem 500 mg morgens und abends

Das ist mein Ziel so bin ich damals gestartet.

Mein Neurologe begleitet mich, ich darf jederzeit anrufen, er hat mir seine Hotline gegeben, ich habe die persönliche Durchwahl. Ganz ehrlich, nicht einmal habe ich mich dessen bedient, aber es beutet so viel wenn du dich gut aufgehoben fühlst.

Es geht mir zusehends besser. Ich habe, weil die Beschwerden, wie sie sich zeigen nicht eindeutig sind, einen Orthopäden aufgesucht.

Er lässt sich die Symptomatik sehr detailliert beschreiben.

Taubheit s empfinden im rechten Arm, bzw., der rechten Hand, im Gesicht bis zum Mund und Rachen und Hals Raum, Kribbeln, wie Ameisen, die durch den Arm laufen.

Er tippt auf ein HWS Syndrom, das bedeutet, die Beschwerden könnten von der Halswirbelsäule herrühren.

Er hat natürlich meine Unterlagen bezgl. der Vorerkrankungen in Händen und sieht aber

keinen Zusammenhang.

Dass ich dem Herrn gerne um den Hals fallen würde, versteht sich von selbst.

So empfiehlt er mir kranke gymnastische Übungen, die ich daheim ausführen kann.

Keine Spritzen, keine Pillen einfach nur regelmäßige Bewegungsabläufe die ich in meinen Alltag integrieren kann.

Er prophezeit mir Besserung in 6-8 Wochen, die Beschwerden erfahren eine Erstverschlimmerung, aber das nehme ich in Kauf.

Nach wie vor bin ich in „meiner" Praxis, wie dankbar ich bin, immer wieder.

Die mir vertraute Ärztin ist heute nicht mehr in der Praxis, sie hat ein anderes Betätigungsfeld gefunden.

Alles unterliegt dem Wandel.

Unter Gleichgesinnten

Ich lasse mich auf Kontakte ein, mit Menschen, denen ich im Forum begegnet bin, jetzt wird es kompliziert, denn nach wie vor bin ich als **Mann** unterwegs, aber, ich bin ja keiner.

Die ersten Telefonnummern und E-Mail Adressen finden ihren Weg in mein Postfach.

JETZT muss ich Farbe bekennen, ein schöner Zufall hilft mir dabei. Ich möchte meinen Account im Forum verändern. Löschen und sich mit neuer Adresse wieder einloggen neuer Nickname und ich komme als Mädel zurück. Verrückt ja ich weiß, aber ich bin phantasievoll. So ein virtueller Rollentausch tut keinem weh, so hoffe ich es.

Alsbald erkläre ich mich, und wir telefonieren, die Frau mit ihrer Jule, der Eiselfe schreibe ich, und viele mehr, die ungenannt bleiben, aber sehr wichtig für mich sind. Leider wohnen die meisten sehr weit weg von mir, aber dank der Technik haben wir Kontakt.

Wieder einmal mehr erlebe ich hautnah, wie ein jeder mit der Diagnose umgeht. Ich bin quasi die Erfahrene, die das alles schon hinter sich hat, mein Blick ist ein anderer.

So beantworte ich Fragen, wir tauschen uns aus, das veränderte Leben, die Partnerschaft, die Familie, ich bin die Einzige die kinderlos ist.

Treffen mit meiner Eiselfe, ich bin so aufgeregt wie bei einem heimlichen Date, wie erkennen wir uns? Aha, sie hat eine Tasche in Pink Orange, gewagte Farbkombi, denke ich, so sehen wir uns zum ersten Mal, nicht unser letztes Mal. Es ist ganz anders Betroffenen zu begegnen, da ist ein Grundverständnis zu spüren, das habe ich noch nie vorher so gefühlt.

Ein ruhiges Bistro, keine laute Musik, kein grelles Licht, Ruhe so gut es geht.

Jede Form von Aufregung, sei sie noch so schön bedeutet psychischen Stress. Es kann Drehschwindel oder sonst etwas auslösen. Wir unterhalten uns 2 Stunden und sind völlig geschafft und müde. Es gibt keinen peinlichen Moment

sich das einzugestehen, ohne Worte, gehen wir nach einer herzlichen Umarmung unseres Weges. Diese 2 Stunden bedeuten mir im Nachgang unendlich viel. Glücklich fahre ich heim.

Die erste Begegnung mit einer Gleichgesinnten ,

 SO bedeutend, es ist schwer in Worte zu fassen.

Etwas was mich begleitet ist die Tatsache, dass man mir, wie vielen Anderen, die Krankheit nicht ansieht. Der Haarverlust war durch die Zweithaar Frisur, später durch die unterschiedlichen Kopfbedeckungen nicht offensichtlich.

Es gab so schöne Lippenbekenntnisse, dass kurzes Haar In sei, mein Gesicht, meine Kopfform schön zur Geltung käme. Verblüfft, erstaunt bemerkte ich, dass es Menschen in meinem Umfeld gab, die nicht recht glauben wollten, dass ich wirklich so krank war. Der Anschein war ein ganz Anderer. Es führte zu unterschiedlichsten Bemerkungen, eine, auf der Beisetzung einer gemeinsamen Bekannten werde ich hier stellvertretend wiedergeben:

„du siehst so gut aus und sollst so krank sein, sie ist gestorben und du lebst?"

Sicherlich war es nicht so böse gemeint, aber es traf mich in Mark und Bein.

Dieser Person bin ich nie mehr wieder in meinem Leben begegnet" verständlicherweise".

ABER, es ist die Ausnahme, 99% sind absolut nett zu mir, behandeln mich inzwischen normal, wir lachen, wir streiten diskutieren, wenn es zu rücksichtsvoll zugeht, sage ich gern

—bin am Kopf operiert, aber es ist genug Hirn vorhanden um zu kämpfen—

Mit Einigen aus dem Forum telefoniere ich hin und wieder, viele sind gerade seit einem Jahr mit der Diagnose beschäftigt.

Was uns verbindet ist die gemeinsame Sicht auf das Leben, uns trennt die sehr unterschiedliche Lebensform.

So ist es eine gegenseitige Bereicherung, wer will immer seinem Spiegelbild begegnen?

Die Dame mit dem Dackel, ist mir eine wirkliche Freundin geworden, genauso wie die Pferdenärrin, die Eiselfe, die große Seele, der sich nach der Süßigkeit sich beschreibende, und viele

Viele mehr.

Mein tiefer Wunsch, ich erfülle ihn mir

Was ich in meinem tiefsten Inneren wollte, DIESES Buch schreiben.

Menschen Mut machen, dass ein Leben mit der Diagnose möglich ist.

Die Angst vor der OP ,der Bestrahlung ,der Chemo ,der Epilepsie, all dem den Schrecken zu nehmen.

Das veränderte Leben anzunehmen.

Krankheit als Chance zu begreifen.

Die Liebe in sich für sich anzunehmen, Liebe zu leben.

Jeder hat seine Intuition der folgen muss, was will ich was lehne ich ab, wo möchte ich hin, wie ist meine Bestimmung? Sich trauen, nicht mehr zu allem ja zu sagen, nicht alles von vornerein ab zu lehnen, das sollte drin sein nach dieser Erkrankung.

Hinschauen, ist die jetzige Lebensform für mich die Richtige, was ist mit Familie Freunden .Ich kenne jemanden, da hat ein Umzug in ein anderes Bundesland wahre Befreiung bedeutet. Es muss nicht gleich so was sein, aber in seinem eigenen Rahmen ist der Wandel möglich.

Vielleicht räumt man die Wohnung um, sortiert die ungeliebten Geschenke aus, ändert den Kleidungsstil. Vielleicht ist die Diagnose ein Glücksfall, dass man begreift wie schön das eigene Leben ist und man es nur nicht mehr sah.

Ich sage heute so oft „**Glück**" ist mein zweiter Vorname;

Susanne K Glück das hört sich so gut an.

Lebe einfach glücklich, nur Mut, so schwer ist das gar nicht

Was fange ich mit meinem Leben an?

Leben will ich in Liebe, Geborgenheit, Zufriedenheit, Heilwerden.

Gestalter meines Lebens zu sein, lernen zu unterscheiden, wo ich wählen darf und kann.

Es ist nicht alles geschrieben,

ich habe die Wahl,

einen Versuch ist es wert, immer.

Meine Stärken zu leben;

Klarheit, ein Sehen jenseits des Verstandes

Dem Ruf des Herzens folgen

Der Intuition nachgehen

Begrenzungen akzeptieren:

Zum Beispiel

-Erschöpfung

-Müdigkeit

-Unkonzentriertheit

- Vergesslichkeit

-die motorisch geschwächte rechte Hand nicht überfordern

Chancen sehen:

-Hilfe annehmen

-Meditation probieren

-Nein sagen

-Untersuchungen wahrnehmen:

-MRT und Vorsorge nutzen

Zahnarzt/ Gynäkologe/ neurologische Tests

Dankbarkeit

Das Leben ist mir noch einmal geschenkt worden es ist ein zweites Leben ein anderes Leben, ich lerne täglich ein Stück mehr,

raus aus der Krankheit zu gehen,

die guten Blutwerte, der hohe Immunstatus ,einer Mauer gleich

bestärken mich, ebenso wie die zuversichtliche Haltung meines neuen Arztes,

D r . der Klinikleiter, mit dem ich gute Gespräche führe, wie ich die Behandlung erlebt habe.

Zurzeit habe ich mich abgemeldet, nehme den Weihrauch, den Anfallsschutz,

genieße die Zeit und schreibe an diesem Buch.

Intuitiv fühle ich mich der Hyperthermie Anwendung verbunden und schaue wie ich das in mein Leben integriere, die Infusionstherapie tut mir ebenso gut,

die Meditation, die sanfte Bewegung, Yoga und bewusstes Gehen, die Stille leben, tanzen wenn mir danach ist. Ich schreibe zuweilen Gedichte, handarbeite, lebe meine Kreativität aus, pflege neue Kontakte.

Die weitgehend Veganer Ernährung und die Achtsamkeit gehören zu meinem neuen Leben. Aber manchmal esse ich Fleisch.

Das Zusammenkommen mit einigen besonders liebgewonnenen Menschen aus dem Forum ist geplant, das Ehrenamtliche Engagement zu vertiefen. Vielleicht ein zweites Buch schreiben?

Das Beste liegt vor mir, bin ich mir sehr sicher.

Zukunft bedeutet für mich

Nicht gegen etwas zu sein

Sondern mit dem Wellen des Lebens zu schwimmen

Das Leben annehmen

Ich weiß, ich werde Fehler machen,

mich mitreißen lassen von den Unzulänglichkeiten des Lebens, normal sein wollen, das streben wir alle an.

Der Alltag hat mich zurück erobert, ich schreibe es bewusst, die Krankheit ist kein Schutzschild hinter dem man sich verstecken sollte.

Das innere Stoppschild nicht außer Acht lassen ist etwas ganz anderes.

Ich werde Fehler machen ,dumm sein ,gescheit sein, aber nie vergesse ich den Kampf um mein Leben ,die Menschen die da waren ,die da sind, die nach mir schauen, auf mich achten, die nicht die Frau mit der Diagnose Glioblastom sehen, sondern schauend mich begleiten.

Die Süße und die Bitterkeit sind enge Verwandte wie könnte das eine ohne das andere existieren.

Das Leben, riechen, fühlen, hören, schmecken und lieben.

Meine Ärztin Fr M-B sagte mir nach ca. 2 Jahren etwas so Schönes: „ mir scheint liebe Frau K. sie haben es begriffen"

Die Wege liegen vor mir, ich muss mich entscheiden, meinen Weg wählen.

>Mein Mann nennt mich seine kleine Autorin, ihn „quäle" ich, er muss alles als Erster lesen<

Ich will mich leiten lassen von der Motivation, Hoffnung zu verbreiten,

all denen, die ein ähnliches Schicksal erleben, die Angehörigen bestätigen, da zu sein.

Wenn der Betroffene sich unter dem Einfluss der Medikamente sonderlich benimmt, lest die Packungsbeilage und versucht zu verstehen.

Wenn der Verlauf sich anders gestaltet, ich schrieb es, es gibt sie, die Komplikationen, Teillähmungen, Sprachausfälle, Wortfindungsstörungen, Orientierungsprobleme. Je nachdem wo der Tumor im Kopf seinen Platz ein nimmt, ist er vielleicht nicht operabel, oder kann nur Teil entfernt werden.

Es gibt die Gefahr des Rezidivs, warum das dem einen passiert dem anderen nicht, es gibt keine eindeutige Erklärung.

Meine Beschäftigung mit meinem Thema dauert nunmehr fast 4 Jahre an.

Mein Fazit ist so subjektiv wie es nur sein kann

Du bist nicht Schuld- pauschale Sätze, wie „na wohl zu viele Gedanken gemacht" sind genauso fehl am Platz wie schlechte Lebensgewohnheiten als Ursache zu deuten.

Der Rückschluss, das Allheilmittel in Ketogenen Diäten zu sehen, ist leider nicht belegt.

Die Komplementäre medizinische Anwendung scheint bei mir seine Wirkung zu entfalten? aber es gibt Langzeitüberlebende die nie so etwas in Anspruch genommen haben und mehr als 10 Jahre mit einem Hirntumor Grad IV leben.

Meine Überzeugung:

Den für sich richtigen Weg geht jeder aus Überzeugung, der Weg den nur der Erkrankte wählen kann.

Nicht verschweigen darf ich, es gibt die raschen Verläufe, die Therapien werden nicht vertragen, das Blutbild ist miserabel, die Lebensqualität ist drastisch eingeschränkt, der Tod rückt in greifbare Nähe.

Liebe Leser, ich habe mich auch damit auseinandergesetzt, ist es eine häufig gestellte Frage, was ist wenn das Ende kommt, wie kommt es.

Alles Leben unterliegt den Gesetzen des Lebens und des Sterbens, es hat etwas tröstliches, von seinem Leid erlöst zu sein.

Vielleicht hat es mit meiner Geisteshaltung zu tun, das Ende des Lebens zu bejahen wenn die Zeit gekommen ist.

Hospiz und Palliativ Betreuung hat einen sehr hohen Stellenwert für mich, meine Erfahrung ist positiv, denn ich habe Menschen begleitet im Hinübergehen.

Niemand gibt einfach auf, der Ausdruck des Kämpfens kann sehr unterschiedlich sein.

Manche sind mit Schwertern unterwegs, oder sie sind den Igeln gleich mit Stacheln ausgerüstet, es gibt die Sanften die Schicksalsergebenen, die Melancholischen, die Schwachen.

Wundern kann sich jeder, was schwach scheint kann eine ungeheure Stärke sein, der Schwertkämpfer so schwach, jeder ist anders.

Meine liebe Gute,

die mich veranlasste mich als Autorin zu versuchen, hielt ihr Schwert so sanft schwingend, bis es ihr aus der Hand fiel.

Ich liebe den friedvollen Kampf.

Mein Begleiter ist in meinem Herzen

Es ist die Kraft die in mir wohnt, es ist mein Glaube, der mich nie verließ, nie habe ich Gott angeklagt, für das was mir widerfuhr, nie war ich auf ihn zornig.

Im Gegenteil, ich fühlte mich getragen, geborgen, gestärkt.

Es liegt nicht in meiner Absicht, jemanden zu bekehren, vielmehr ist es meine Geschichte, die ich erzähle, die eine Anregung sein kann, nicht mehr nicht weniger.

Jedem seine eigene Sicht auf die Dinge.

Sehr früh schon, erhielt ich Zugang zu einem Text den ich als junger Mensch ,10 Jahre jung, las.

Ehrlich gesagt, verstand ich das damals gar nicht so recht was im Einzelnen gemeint war, aber meine Intuition sagte mir ,das ist so schön ,das musst du verinnerlichen.

Für manchen ist vielleicht ein Gedicht wichtig oder ein Bild von einem Maler, jeder hat sein Geheimnis.

Das Meine teile ich.

Der gute Hirte

Psalm David *der 23*.

Der Herr ist mein Hirte

Mir wird nichts mangeln

Er weidet mich auf einer grünen Aue

Und führet mich zu frischen Wassern

Er erquicke meine Seele

Er führe mich auf rechter Straße

Um seines Namens willen

Und ob ich schon wandert im finstern Tal

Fürchte ich kein Unglück

Denn Du bist bei mir

Dein Stecken und Stab trösten mich

Du bereitest einen Tisch gegen meine Feinde

Du salbest mein Haupt mit ÖL

Und schenkst mir voll ein

Gutes und Barmherzigkeit

werden mir folgen mein Leben lang

Und ich werde bleiben im Hause des Herrn immerdar

Luther 1545

(abgeschrieben wikipedia)

Ich setze das bewusst ans Ende des Buches, weil ich niemanden bekehren möchte.

Danke

-anstelle vieler Worte-

meinem geliebter Ehe Mann

WIE DU ES AUSHÄLST MIT MIR:

Danke ist ein viel zu kleines Wort und dennoch ein so schönes in der deutschen Sprache.

Du hörst meine Flüche, du erlebst meine Geh versuche, dieses Projekt zu realisieren, o.k., das erste Exemplar habe ich auf meinem PC nicht wiedergefunden, vielleicht war es nicht gut.

Du hast mich mit Getränken versorgt, mich zu Pausen veranlasst.

Meine Zweifel nicht gelten lassen, voller Überzeugung meine

Kreativität genährt. Und sagst mir, wie stolz du bist auf das

Was ich geschafft habe.

Danksagung:

Dem OP Team /der Neurochirurgie/eine gelungene OP

der Radiologin/nie vergesse ich das Gespräch

dem Neurologen/immer für einen Spaß zu haben

mein Hausarzt/ so betroffen

Dem Team der Tagesklinik-speziell Fr M-B und dem

Praxisleiter der Tagesklinik/allen Medizinischen Fachkräften die mich betreut und begleitet haben/

Ganz besonderer Dank gilt den Menschen die ich kennenlernen durfte, in meiner Schwäche, Hilflosigkeit, die mich sehen.

Dank der Inspiration durch das Forum Betroffene Angehörige, Trauernde kennenzulernen.

Die große Seele,

die uns umarmt, liebt, sie ist ein Vorbild.

Freunde meines Mannes ,die mich technisch unterstützen, die PC Möglichkeiten zu nutzen.

Die Engelgleiche ,die altruistisch da war und ist.

Danke „dir" du das einmal komplett neu abgeschrieben hast und so gerührt mitgelesen hast.

Dank an die Menschen, dir mir die Angst vor großen Tieren nahmen, Ari und Maya

Die gute Liebe die mir eine andere Welt zeigte

Black Lady in ihrer Schörkellosigkeit

Die Vielen die nicht erwähnt werden möchten

aber einen großen Anteil haben, dass ich den Weg unbeirrt gehe.

Ihr Namenlosen seid in meinem Herzen.

Abschied nehmen

----Fair well Frank---

September 2014

Nie vergesse ich unsere Runde, März 2014,

Maya saß zu meinen Füßen

(die Rasse ist mir nicht geläufig)

Renee, Jens ,die Eiselfe und ich

Das ist das Leben